工会工作实务操作流程丛书

劳动和技能竞赛流程图示与范例

第2版

本书编写组 ◎ 编

LAODONG HE JINENG JINGSAI
LIUCHENG TUSHI YU FANLI

中国工人出版社

修订说明

为适应新形势新任务对工会工作提出的新要求,我们组织力量对"工会工作实务操作流程丛书"进行了全面修订。本次修订坚持以习近平新时代中国特色社会主义思想为指导,认真贯彻习近平总书记关于工人阶级和工会工作的重要论述,按照中央党的群团工作会议精神,围绕保持和增强工会工作和工会组织的政治性、先进性、群众性要求,坚持问题导向、实践导向、需求导向。

本丛书修订的重点和焦点问题有:一是根据党的十九大精神和中国工会十七大精神调整了工会工作的一些表述;二是根据新时代工会工作的内容和工会改革的任务,增补了主要相关内容;三是依据《中国工会章程》《工会基层组织选举工作条例》《基层工会会员代表大会条例》《全国模范职工之家、全国模范职工小家、全国优秀工会工作者评选表彰管理办法》《中华全国总工会关于加强专职集体协商指导员队伍建设的意见》等最新文件精神对内容进行了相应调整。

本丛书由赵振洲、胡昌平组织实施,在丛书修订过程中得到了中华全国总工会相关部门的大力支持,在此谨致诚挚的谢意。

由于编者水平有限,本书难免存在不足和疏漏之处,敬请广大工会工作者和读者朋友们批评指正。

编　者

2021 年 1 月

目录 CONTENTS

【第一部分】
劳动和技能竞赛的组织与管理图示与范例

劳动和技能竞赛的筹划流程 ·············· 003
劳动和技能竞赛的管理流程 ·············· 022
劳动和技能竞赛的评比表彰流程 ·············· 037

【第二部分】
综合与生产型竞赛流程图示与范例

生产型竞赛总流程 ·············· 049
安全、工程等专项竞赛流程 ·············· 063
"安康杯"竞赛流程 ·············· 082
车间、班组竞赛流程 ·············· 102

【第三部分】
技能型竞赛流程图示与范例

岗位练兵流程 ·············· 115
技术比赛流程 ·············· 129

【第四部分】
智能型竞赛流程图示与范例

职工技术创新工作流程 ······ 153
合理化建议活动流程 ······ 168
创新工作室创建流程 ······ 191

附 录

新时期产业工人队伍建设改革方案 ······ 215
国务院关于推行终身职业技能培训制度的意见 ······ 227
中华全国总工会 应急管理部 国家卫生健康委员会关于
 进一步深化全国"安康杯"竞赛活动的指导意见 ······ 238
中华全国总工会关于深入开展"当好主人翁、
 建功新时代"主题劳动和技能竞赛的意见 ······ 243
中华全国总工会关于充分发挥工会在建设知识型、
 技术型、创新型技术工人队伍中作用的意见 ······ 252
关于进一步加强职工技术创新工作的意见 ······ 262
关于广泛深入持久开展"五小"活动的指导意见 ······ 267
关于加强劳动竞赛机制建设的意见 ······ 274
关于中央企业深入开展劳动竞赛的指导意见 ······ 279

第一部分
劳动和技能竞赛的组织与管理图示与范例

劳动和技能竞赛的筹划流程

 图示

```
┌─────────────────────────────────────────────────┐
│ 根据经济工作中心和企业、区域或行业实际,提出劳动和技能 │
│                竞赛的设想                        │
└─────────────────────────────────────────────────┘
                      ↓
┌─────────────────────────────────────────────────┐
│ 向党政领导汇报,成立竞赛委员会或领导小组,分工负责开展工作 │
└─────────────────────────────────────────────────┘
                      ↓
┌─────────────────────────────────────────────────┐
│ 建立健全竞赛的相关制度与办法,以及竞赛委员会或竞赛   │
│             领导小组的工作制度                    │
└─────────────────────────────────────────────────┘
                      ↓
┌─────────────────────────────────────────────────┐
│       确定竞赛的目标及重点,形成竞赛方案            │
└─────────────────────────────────────────────────┘
                      ↓
┌─────────────────────────────────────────────────┐
│                公布竞赛方案                      │
└─────────────────────────────────────────────────┘
```

图示解说

1. 提出劳动和技能竞赛的设想

首先，应充分认识加强劳动和技能竞赛组织领导的意义与作用。劳动和技能竞赛的组织领导是指劳动和技能竞赛的组织领导者在组织和动员职工与管理及技术人员自觉自愿的基础上，以一定的组织形式，按照分工协作的原则与要求，借助于组织与机构的机能，行使其指导、协调、控制、监督的职能，从而影响、引导、率领竞赛团队完成预定的任务，实现预定的竞赛目标的行为与过程。劳动和技能竞赛是在一定的组织领导能力之下实现预定目标的群众性生产经营与技术智能创新活动。加强劳动和技能竞赛的组织领导，充分发挥组织领导在劳动和技能竞赛中的核心作用，具有重要的理论与实践意义。

其次，应根据经济工作中心和企业、区域或行业的实际情况，提出劳动和技能竞赛的设想。

2. 建立健全劳动和技能竞赛的组织领导体制

劳动和技能竞赛的组织领导体制是指劳动和技能竞赛组织领导职能的组织形式与组织制度，是劳动和技能竞赛组织领导体系管理权力划分的制度化。劳动和技能竞赛组织领导体制对于竞赛活动有着重要的作用，是竞赛行为的组织保证。

劳动和技能竞赛的组织领导体制主要有以下几种类

型：一是党政领导和相关部门领导共同组成的竞赛领导小组或者委员会。这是目前运用最多的、也是相对比较科学的、作用与效果比较好的一种组织领导体制，在全局的、大型的或者常年型的竞赛中比较常见。二是传统的工会组织负责，承担劳动和技能竞赛的各项组织领导职能。三是就某个单项竞赛，有关部门和人员临时组成的竞赛领导机构。

3. 建立与完善劳动和技能竞赛委员会工作规范

劳动和技能竞赛委员会的工作体制，是在地方或者企业党组织的领导下，由党政领导任劳动和技能竞赛委员会的主要负责人，由工会牵头，行政与党组织有关部门分工合作的集体负责的劳动和技能竞赛的领导体制。劳动和技能竞赛委员会的工作机构仍设在工会。

劳动和技能竞赛委员会的领导职责是：研究制定劳动和技能竞赛的制度与办法，研究确定劳动和技能竞赛的工作计划、目标与实施方案，审定劳动和技能竞赛的项目并进行考核、评比、表彰奖励，总结推广交流先进经验。

建立与完善劳动和技能竞赛委员会的工作制度与规范，就要建立健全约束管事机构，制定公平竞争机构的奖励激励办法，建立科学的评价体系与工作标准，充分运用大数据，从而使劳动和技能竞赛的工作进一步制度化、规范化，更好地发挥其在促进生产经营管理、创新发展和转型升级中的作用。

4. 确定劳动和技能竞赛的目标

首先要确定劳动和技能竞赛的选题。劳动和技能竞赛的选题是指劳动和技能竞赛围绕什么重点问题进行、解决什么问题。选题，是劳动和技能竞赛的首要工作，也是关键的一步，对劳动和技能竞赛是否取得预期的成果至关重要。巧妙科学地选题前提是调查研究。好的选题不是凭空想象出来的，而是建立在深入调查研究基础之上的。

其次要确定劳动和技能竞赛的目标（指标，下同）。劳动和技能竞赛的目标是指劳动和技能竞赛所要达到的境地或标准。它使参加劳动和技能竞赛的员工有精神动力与行为导向，直接关系着劳动和技能竞赛的持续时间与生命力，关系着劳动和技能竞赛的发展方向与效果，也关系着参与竞赛员工的积极性与自身利益。确定劳动和技能竞赛的目标，要紧密结合企业实际并有时代特点，目标应该科学合理，不能太高也不能过低，蹦一蹦够得着，充分调动与借助职工高层次的心理需求。

劳动和技能竞赛的目标分为外在目标与内在目标、自愿目标与非自愿目标、长期目标与短期目标等。外在目标指的是组织者通过指令、计划等形式，自下而上地规定参赛各单位、各部门的目标，一般情况下这些目标有可能再继续分解下拨下去。它体现的是上级对下级的要求、组织对个人的要求。内在目标体现的是基层组织与参与者的意志。通常情况下，内在目标是根据外在目标制定的，是为了实现外在目标，是外在目标的保证。一般情况下，外在目标更可能是非自愿目标，带有一定的强制性色彩。劳动和技能竞赛的长期目标是制定者立足于区域、系统或者企业的长远发展而制定的目标。短期目标往往是反映紧急的、急需的任务需要。

5. 形成竞赛方案

搞好劳动竞赛，制订一个好的竞赛方案至关重要。首先应认真细致地收集、综合分析、整理单位及行业或者区域有关的信息资料。其次应组织工会干部与有关方面的专家进行认真的分析论证，在竞赛项目的选定上应突出主业、注重推动创新发展。最后应下功夫制订一个规范、完善、操作性强的竞赛方案。竞赛方案是竞赛的依据，在内容上要全面，包括竞赛的指导思想、目标、时限、分期、形式（包括是否分组）、范围、考核办法与考核标准、先进名额的设定与选树方式、奖励办法与奖励的额度、组织领导，等等。

注意事项

1. 新时代劳动和技能竞赛的重要意义

（1）劳动和技能竞赛的概念与含义

劳动和技能竞赛是提高产业工人素质、推动企业进步、促进经济发展的重要途径，主要目的是为广大产业工人发挥主力军作用搭建平台。劳动竞赛是指社会主义国家为充分发挥劳动者的主动性、积极性和首创精神所开展的，以普遍提高劳动生产率和工作效率为目的的群众性竞赛活动，具有创造功能、激励功能、教育功能三个功能和群众性、广泛性、民主性三个特点。职业技能竞赛是依据国家职业技能标准，结合生产和经营工作实际开展的，以突出操作技能和解决实际问题能力为重点的、有组织的群众性竞赛活动。劳动竞赛是中国工会的一项传统工作，有广义与狭义之分。狭义的劳动竞赛是指生产劳动竞赛，人们理解的传统的劳动竞赛一般指为完成某项生产或工作任务而组织开展的竞赛活动，实际是生产竞赛。广义的劳动竞赛是职工经济技术活动的统称，主要分为生产型竞赛、智能型竞赛和技能型竞赛三类，包括生产竞赛、合理化建议、技术革新、技术攻关、技术协作、技术竞赛、技术培训、岗位练兵、发明创造、创新工作室、练功比武等，能充分调动广大员工参与改革、支持改革和推动企业发展的积极性。

劳动竞赛是一个载体，能充分吸引广大职工，把职工的积极性调动起来，把克服困难的勇气、潜能和创造性激发出来，凝聚企业持续发展的正能量。

劳动竞赛包含两层含义：一是劳动竞赛是在生产劳动过程中人与人、集体与集体之间竞赛。二是劳动竞赛必须具备三个基本要素：要有职工群众参加，要有具体的竞赛目标，要有劳动成果的比较和交流。为适应形势的发展，进一步提高竞赛活动的知识含量和科技含量，促进劳动竞赛由"速度型""体力型"向"效益型""智力型"转变，劳动竞赛现称为劳动和技能竞赛。

（2）充分认识新时代劳动和技能竞赛的重要意义

中国工会十七大提出要围绕高质量发展深化劳动和技能竞赛。围绕高质量发展深化劳动和技能竞赛，就是要把握稳中求进工作总基调，树立新发展理念，引导职工以国家重大战略、重大工程、重大项目、重点产业等为主攻方向，以"当好主人翁、建功新时代"为主题，广泛深入持久开展多种形式的劳动和技能竞赛。要完善以企业岗位练兵和技术比武为基础、以国家和行业竞赛为主体、国内竞赛与国际竞赛相衔接的劳动和技能竞赛体系，丰富竞赛的领域、内涵、方式、机制，突出竞赛的时代特征、区域特色、行业特性和单位特点，积极探索在新产业新业态新组织中开展竞赛，提升职工参与率和受益度。要深化创建"工人先锋号"活动，推进班组建设。深入开展技术革新、技术协作、发明创造、合理化建议、网上练兵和"小发明、小创造、小革新、小设计、小建议"等群众性经济技术创新活动，开展职工创新成果评选、展示、交流活动。要组织职工积极参与深化供给侧结构性改革，投身三大攻坚战，践行绿色生产生活方式，促进传统产业转型升级和先进制造业加快发展，为建设现代化经济体系、实现高质量发展、建设美丽中国贡献智慧和力量。

2. 把握劳动和技能竞赛的原则

（1）坚持突出竞赛主题

竞赛活动要以"当好主人翁、建功新时代"为主题，以深化供给侧结构性改革、推动经济高质量发展为主线，以贯彻落实《新时期产业工人队伍建设改革方案》，建设知识型、技能型、创新型职工队伍为重点，大力弘扬劳模精神、劳动精神、工匠精神，推进全国引领性劳动和技能竞赛，动员广大职工用劳动筑梦,以实干圆梦,做新时代的见证者、开创者、建设者。

(2)坚持以职工为中心

竞赛活动要面向基层、面向一线职工、面向普通劳动者,满足职工多样化需求;尊重职工首创精神,让职工当主角,动员职工群众积极参与竞赛方案的制订和过程监督;扩大竞赛在非公企业和农民工群体中的覆盖面和影响力,最大限度地把职工组织到竞赛活动中来。

(3)坚持新发展理念

竞赛活动要坚持创新、协调、绿色、开放、共享的发展理念,坚持质量第一、效益优先,突出技术创新和素质提升,促进竞赛由"速度型""体力型"向"效益型""智力型"转变;按照建设"智慧工会"的要求,利用"互联网+"等现代化手段,创新竞赛的方式和载体,使竞赛活动富有新时代特色,具有吸引力和感召力。

(4)坚持职工和企业"双赢"

竞赛活动要坚持共建共享,紧扣企业生产经营实际,促进企业发展;着力提高职工素质和能力,维护职工发展权益;完善竞赛激励制度,推动职工创新成果和技能要素按贡献参与分配,在促进经济发展的同时,让职工受益,增强职工在竞赛中的获得感。

此外,还要注意群众性、高效性。劳动和技能竞赛是职工群众性的活动,没有广大职工劳动和技能竞赛的筹划流程群众的参与就没有劳动和技能竞赛的开展。职工群众不仅是劳动和技能竞赛的参与者,也是劳动和技能竞赛的实践者和创造者。劳动和技能竞赛形式的确定要听取职工群众的意见与建议，适合群众的胃口，集中群众的聪明才智。注意实效性，克服形式主义，以期取得最大的效果。把握遵循灵活性、多样性。劳动和技能竞赛的方式应该适应企业自身特点和行业特点，应该因地、因时制宜，固定不变的形式难以满足复杂的竞赛需要，也难以激发竞赛者的积极性与热情。要合理确定竞赛时间的长短与频次，有常规的年度的竞赛，也有阶段性的专项性的竞赛；有生产型的竞赛，也有技能型、智能型的竞赛；有全国性、行业性、省市性、集团性的竞赛，也有县市、工业园区等局部的竞赛；有企业整体的竞赛，也有车间、班组的小指标竞赛；有综合性的竞赛，也有单项指标的某个工种、某项技术的竞赛。应根据竞赛的内容，来确定竞赛时间的长短、频次。

3. 确定劳动和技能竞赛的形式

竞赛形式是实现内容的必要条件。深化群众生产工作，必须积极探索劳动竞赛的新形式，由单一功能的竞赛向多功能、全方位的竞赛发展；由突击性竞赛向目标性竞赛发展；由生产型竞赛向经营型、智能型、科技型竞赛转变。劳动和技能竞赛的形式大体有以下几种：

（1）以时间为重要考量指标的竞赛形式

年度竞赛与更长时间的竞赛。实践中，许多竞赛的时间跨度是以年为单位的。作为长期工作的一部分，以年度或者季度为计算单位，按照规定和办法与程序常态化运行。

阶段性竞赛与特定时间竞赛。这类竞赛一般是为迎接某节日和实现某项任务而发起的。如迎国庆劳动竞赛；庆祝周年劳动竞赛；大干一百天，抢通某线工程竞赛等。

（2）以特定目标或最优指标为主导的竞赛形式

同行式竞赛。这是按条件大体相同的工种、业务、设备、产品和行业分别组织的竞赛。这种竞赛的可比性强，容易判断胜负，也便于同行业、同工种之间的相互学习交流，便于经验与新技术的推广应用。

台阶式竞赛。这是把创本单位历史最好水平、同行业最好水平分为几个台阶，把竞赛目标分为几个档次，把荣誉竞赛分为几个等级而组织的竞赛，激励职工奋发向上。

攻关式竞赛。发挥集体智慧和协作精神，集中一个目标或专项课题，开发某个产品等组织的攻关赛。

夺魁式竞赛。组织技术比武、创优质、选最佳、夺奖杯等竞赛。这种竞赛能适应职工显露才干、争当先进的进取心理，也有一定的挑战性。对于企业来说，还可以通过竞赛发现技术人才，并通过竞赛实现整体水平的提高。

同工种、同产品的对手竞赛。这种竞赛形式是个人之间或班组之间竞赛的基本形式，有利于个人或班组互相学习和交流经验。

流动红旗竞赛。这种竞赛可以在班组之间进行。要规定竞赛的条件和内容，定期进行检查、评比、奖励，竞赛周期可长可短。

单项指标竞赛。这是针对生产关键、突出某一重点开展竞赛的一种形式。这种竞赛内容单一，目标明确，可比性强，效果明显。

将帅主动式竞赛。这是一种在决策者与经营者、管理者之间开展的竞赛，属于企业高层次的竞赛。这种竞赛是把经营者、管理者与决策者组织起来，以一种合同或者责任书的形式联系起来，约定相应的条款，明确各自的责任与义务。

（3）以内容为主导的竞赛形式

智能型竞赛，是旨在开发职工智能、促进技术进步和加强经营管理而开展的竞赛活动，包括合理化建议、技术攻关、技术革新和发明创造等，又称为职工技术创新活动。在当前科技创新的历史浪潮中，开展好这类竞赛，对于推动中国经济的发展、实现中华民族伟大复兴的中国梦意义重大。

技能型竞赛，是旨在帮助职工掌握操作技法、促进职工技能水平普遍提高而开展的竞赛活动，包括岗位练兵、技能比赛等活动，又称为职工技能素质提升活动。开展好这类竞赛，赛前和赛中应该广泛开展技术比武、技术练兵活动，大力倡导工匠精神，在赛出尖子、赛出水平的同时，提升整体的技术水平，推动技术进步。

生产型竞赛，是旨在帮助职工掌握操作技法、促进职工技能水平普遍提高而开展的竞赛活动，包括岗位练兵、技能比赛等活动，又称为职工技能素质提升活动。这在目前仍然是一些单位的保留项目，不过已经融入了一些新的元素,即创新发展的元素。

4. 加强劳动和技能竞赛的机制建设

(1) 劳动和技能竞赛的分层分级工作机制

《新时期产业工人队伍建设改革方案》提出,"建立以企业岗位练兵和技术比武为基础、以国家和行业职业技能竞赛为主体、国内竞赛与国际竞赛赛项相衔接的劳动和技能竞赛机制"。

岗位练兵,就是引导职工立足本职岗位学练技能、勇于创新、建功立业,成为技术尖子,掀起比、学、赶、帮、超热潮,培育一流人才,创出一流产品。技术比武,则指在职工中开展技术比武活动,是群众性生产技术工作的一项传统内容。企业广泛开展岗位练兵和技术比武,能有效提升全体职工的岗位技能和技术水平,增强职工的整体素质和战斗力,调动职工的劳动积极性,形成钻研技术、爱岗敬业的良好风气,提高企业的劳动生产率和生产效益。因此,量大面广的企业岗位练兵和技术比武,是劳动和技能竞赛的塔基。

相较企业岗位练兵和技术比武,职业技能竞赛坚持以社会效益为主和公开、公平、公正的原则,在更高的层面与职业技能培训、职业技能鉴定、业绩考核、技术革新和生产工作紧密结合。在我国,职业技能竞赛实行分级分类管理,主要分为国家级、省级和地市级三级。近年来,由各级工会组织牵头的职业技能竞赛如火如荼地开展,职业技能竞赛不仅为技术工人提供了展现自己的舞台,也是技能人才队伍建设的主要途径之一。

(2) 领导机制

建立健全各级劳动竞赛委员会（领导小组），切实加强对劳动竞赛的组织领导。各级工会要把劳动竞赛摆上重要位置，定期分析研究竞赛工作，建立竞赛情况报送、通报制度，加强竞赛信息交流，认真总结推广竞赛经验，搞好典型指导和分类指导。加强竞赛理论和相关政策研究，是搞好劳动竞赛的基础，也是加强竞赛机制建设的重要方面。要了解经济形势，掌握经济政策，研究竞赛理论、总结竞赛经验，探索竞赛规律，使机制建设在促进劳动竞赛发展中持久、稳定地发挥作用。

(3) 评估机制

建立竞赛评估制度是检验劳动竞赛成效和推动竞赛发展的有效措施。要制定科学的竞赛评估方法和评估指标体系，量化竞赛评估工作，做到科学化、规范化、制度化。竞赛评估要着眼于提升劳动竞赛的水平，把竞赛方案制订、竞赛活动开展、竞赛目标任务实现等纳入评估范围，把劳动竞赛在提升职工素质、推动企业技术进步和促进经济发展中所发挥的作用作为评估重点，促进竞赛活动深入扎实发展。竞赛评估要坚持走群众路线，充分听取职工群众对竞赛活动的意见，并把群众意见作为评估劳动竞赛的重要依据。定期开展竞赛评估工作，及时通报评估情况，把评估工作的过程作为发现典型、总结经验、查找不足、改进工作的过程。

（4）激励机制

表彰奖励是劳动竞赛不可缺少的重要环节。要把阶段性评比奖励与全过程评比奖励、单项评比奖励与综合评比奖励、个人评比奖励与集体评比奖励有机结合起来，做到经常化、制度化。竞赛评比要着眼于激发职工比学赶帮超的热情，激发职工的内在积极性，把比技术创新、团结协作、质量效益、安全环保和创一流工作、一流业绩、一流团队作为主要内容。竞赛奖励要坚持精神鼓励与物质奖励相结合的原则，使职工得到的荣誉与取得的业绩、得到的奖励与做出的贡献相适应，让职工分享劳动和企业发展成果。大力表彰竞赛活动中涌现出来的先进集体、模范职工和优秀技术创新成果，把引导职工弘扬工人阶级伟大品格和劳模精神、劳动精神及工匠精神贯穿于竞赛活动的全过程，调动和激发职工创先争优和新时代建功立业的积极性。

在实际工作中，竞赛表彰奖励要坚持两个结合的原则：一是精神鼓励与物质奖励相结合的原则。每项劳动竞赛结束后，要认真总结评比。严格标准，凭数据和事实说话，不搞轮流坐庄。对在竞赛中取得成绩的集体或个人，要通过多种宣传渠道，介绍他们的先进事迹和先进经验，在给予荣誉称号、精神激励的同时，也给予应有的物质奖励。二是及时奖励和集中奖励相结合。集中奖励一般适用于周期长、范围广、突出总体目标的竞赛；及时奖励则适合于周期短、见效快的小指标竞赛。一般来说，分厂、车间应选择"短、平、快"的竞赛，采取"一项一赛、一赛一评、一评一奖"的办法进行。

(5) 劳模选树机制

劳动模范产生于劳动竞赛。要注重从劳动竞赛涌现出来的先进职工中发现、培养、选树劳动模范，使劳动模范的评选工作建立在深厚的群众基础之上。大力选树"金牌工人""首席员工""技术状元""优秀工匠""技能大师"等技能人才，开展多种形式的学赶先进、创先争优活动，积极引导职工以劳动模范、技能大师和先进人物为榜样，争当先进，争创一流。建立劳动模范（技能人才）"创新工作室"，认真总结、积极推广他们创造的先进生产（操作）方法和取得的技术创新成果，充分发挥劳动模范和技能人才在劳动竞赛中的示范带头作用。通过多种形式宣传劳动模范的崇高思想和先进事迹，积极引导职工学习劳模、争当先进，努力营造劳动光荣、知识崇高、人才宝贵、创造伟大的良好氛围和时代新风。

(6) 经费保障与素质支撑

经费保障是组织开展劳动竞赛的重要物质条件。各级工会在为竞赛提供必要经费的同时，要积极争取同级政府（行政）拨出专款用于劳动竞赛。企业工会要督促企业建立劳动竞赛奖励基金。加强劳动竞赛机制建设对干部素质提出了更高要求。各级工会干部要进一步增强使命感和责任感，保持良好的精神状态，通过加强学习、深入实践，不断提高思想政策水平和指导工作的能力，以适应新形势下组织开展劳动竞赛的要求。

> **范例**

××公司劳动和技能竞赛实施方案

为进一步激发广大员工的工作热情，掀起一个比干劲、赛贡献的高潮，实现2020年的奋斗目标，促进企业的健康发展，结合当前的工作实际，经公司研究决定，自××月××日至××月××日集中开展以"当好主人翁、建功新时代"为主题的劳动和技能竞赛活动，特制订实施方案如下：

一、竞赛活动的指导思想和目的

本次竞赛活动的指导思想是：以落实公司提出的2020年方针目标为根本，以抓好生产经营为主线，以竞赛活动为载体，调动每一位员工的积极性，在内部形成一种拼搏进取，争做贡献的浓厚氛围。

竞赛目的是：通过竞赛活动的开展，进一步检验我们员工队伍的素质，检验各部门的工作质量及业绩，以竞赛促生产、促安全、促管理、促效益、促发展，打造高端品牌，推进企业文化建设，为实现各自及公司2020年的奋斗目标奠定坚实的基础。

二、竞赛内容

本次竞赛是公司上下全员参与的一项活动。因此，公司各部门每一位员工，都要结合各自的工作实际，在竞赛中坚持以赛工作态度、赛工作质量、赛管理、赛安全生产、赛现场管理、赛产品质量、赛创新发展、赛节能降耗、赛生产指标、赛销售指标、赛效益指标等为主要内容，达到各分公司之间比着干,部门与部门之间比着干,个人与个人之间比着干的竞赛效果。

三、竞赛活动的时间安排

这次竞赛活动分三个阶段来进行,具体安排为:

第一阶段:××月××日至××月××日为宣传发动和准备阶段。

第二阶段:××月××日至××月××日为竞赛实施阶段。

第三阶段:××月××日至××月××日为总结、评比、表彰阶段。

四、竞赛活动的组织领导及要求

为了加强对这次劳动和技能竞赛活动的组织领导,公司决定成立领导小组和工作班子,负责领导、组织、协调竞赛的各项工作。领导小组由×××任组长,×××任副组长,成员为:×××、×××、×××、×××。具体工作班子成员为:×××、×××、×××。在活动期间,领导小组和工作班子要定期或不定期地深入到各部门,对竞赛活动的情况进行检查指导,及时发现和纠正存在的问题。各部门也要加强对这次活动的组织,成立相应的领导小组及工作班子,拿出自己的工作计划和行动方案。

对这次竞赛活动总的要求是:

第一,各部门要分别集中起来,在××月××日前召开动员大会,将公司的意见传达下去,做到层层发动。同时,还要利用黑板报、宣传栏、微信群、门户网站、竞赛简报等形式大造声势,广泛宣传,让每一位员工都了解这次活动的指导思想和目的要求,为参与竞赛提供保证。

第二,各部门要以实际行动组织好这次竞赛活动,不搞形式主义,不摆花架子,要扎扎实实、力求实效。在活动中要注重坚持三个结合:一是竞赛活动要与开展的党员教育活动紧密结合起来,动员广大党员既要按要求参加教育活动,又要在竞赛中发挥模范带头作用,为职工作出表率;二是竞赛活动要与解决薄弱环节和重点难点问题结合起来,如生产进度、现场管理、质量管理、安全生产、市场营销、创新发展等方面的问题;三是竞赛活动要与总结上半年的工作及部署下半年的工作结合起来,对上半年的工作要找准问题,提出解决措施,对下半年的工作要做好周密安排。同时,各部门、车间还可以在竞赛活动期间通过设立竞赛专栏、评比台等,评比每月的优胜者,进行公布,以造成声势。同时,对各项活动要做好记录。通过三个结合,使这次劳动竞赛活动起到促进公司发展,全面完成今年各项指标的助推器作用。

第三,党支部要积极配合公司组织的这次劳动竞赛活动,并通过开展争创党员先锋岗、组织技术比武、岗位练兵等丰富多彩的活动,增强效果,在广大党团员的带动下,使公司上下群情振奋,齐心协力,目标一致,人人都参与到活动中来,掀起一个赛风格、赛水平、赛干劲、赛贡献的高潮,提高企业的凝聚力、向心力和战斗力,培养出一支高水平、高素质的员工队伍。

五、总结表彰

劳动和技能竞赛结束后,各部门要及时做好总结,并结合一年来劳动和技能竞赛的实际,对竞赛组织工作做得好的车间、部门颁发优秀组织奖。对表现突出、贡献突出的员工，按比例分别评选出2020年公司劳动模范和先进生产（工作）者。评选工作要自下而上进行，重点要突出一线员工，并具有代表性。评比劳动模范和先进生产（工作）者，要看其全面，不仅要看其竞赛期间的成绩和表现，还要看其在一年内的各方面情况。对推荐出的劳动模范，各分公司、各部门要进行公示，公示期间如有意见或反映存在问题的，经查实后将取消其评选资格。对评选出的劳动模范和先进生产（工作）者，公司将进行表彰，颁发荣誉证书及给予一定的物质奖励，并组织劳动模范进行一次考察学习活动。

劳动和技能竞赛的管理流程

图示

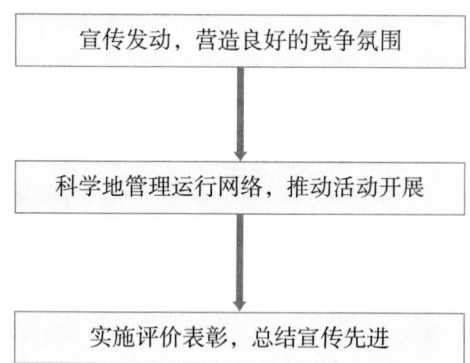

图示解说

1. 宣传发动,营造良好的竞争氛围

竞赛之初,应该采取行之有效、鼓舞人心、激励斗志的方式方法来进行宣传发动,激起人们参与竞赛的热情,为竞赛奠定坚实的群众基础和思想基础。竞赛之中,也应该通过及时发现和树立先进典型来进行引导鼓动,以推动

和激励竞赛活动的广泛深入开展。

一是营造良好的舆论氛围。浓厚的舆论氛围对于烘托气氛、酝酿情绪、激发热情、鼓励先进、鞭策后进有着巨大的影响。营造良好的舆论氛围，首先要进行大张旗鼓的宣传鼓动工作，可以通过传统的动员会或者誓师会进行宣传发动，也可以通过门户网站、企业微信公众号、App、微信朋友圈、单位的QQ群等现代传媒手段进行宣传发动；可以通过宣传标语、组织讨论宣传发动，也可以组织挑战、设置擂台、现场比武营造声势。

二是营造良好的人文环境。首先要强化职工的主人翁意识，使职工认识到自己是企业的主人，要最大限度地发挥个人的聪明才智，为企业、为团队也为自身利益，投入到竞赛中去。其次要进行集体主义教育，培养职工的荣誉感，培养职工识大体、顾大局的意识。最后要进行健康的竞争意识教育，使职工敢于竞争，善于竞争，在竞争中比、学、赶、帮、超，保持应有的境界与风度。

三是坚持公平、公正、公开。要给每个竞赛参与者提供公平、公正的竞争环境，对竞赛的结果进行科学、公开、公正、公平的考核与裁判。公平、公正的环境，还包括参与竞赛单位中组织成员行为的一致性。如果一线的职工在努力拼搏，而其他的有关人员无动于衷；如果参加竞赛的人员在出力流汗，而某些人却对工作不负责任、设置关卡、营私舞弊，则会对竞赛产生非常消极的负能量，影响大家的情绪和竞赛的进行。

2. 科学地管理运行网络，推动活动开展

根据竞赛办法与方案的规定，参赛的各单位、部门应该明确负责竞赛的人员，明确各相关工作的责任分工、进度要求、负责人与协助人。要通过竞赛委员会及其办公室，通过各级工会的组织体系，通过分厂、车间、班组的相关责任人，建立起纵横交织的运行网络体系。要通过强有力的运行体系和责任分工，有效地推动和组织好劳动竞赛。

要及时掌握和分析竞赛的情况，对运行过程中出现的问题及时研究解决，个别需要调整的指标可以适当地修正。要注意及时准确地采集好相关的数据，为后期的工作做好相应的准备。

3. 实施评价表彰，总结宣传先进

一是效果评价。对劳动和技能竞赛效果的考核评价是这项工作中十分重要的环节。劳动和技能竞赛的经济效益、社会效益等多重效益，不仅来源于劳动和技能竞赛，同时还受到政治教育、技术培训、文化培训、管理等多方面因素的影响。这就决定了评价的复杂性和不确定性。同时，劳动和技能竞赛主要是经济技术与智能方面的竞赛，这其中重要的考量指标应该是经济效益。因此，对竞赛效果的评价应该建立在客观公正的基础上，用数据说话，以理服人。有条件的，应该建立数据库，运用大数据来做好效果评价方面的工作。

二是表彰奖励。表彰奖励是影响竞赛是否具有后继效应的关键，表彰奖励不力必然会使一级组织的公信力受到损害，也会挫伤职工群众参赛的积极性。工会作为劳动和技能竞赛的工作机构，作为竞赛的具体组织者，一个重要的任务就是在组织对竞赛效果评价出来后，按办法与方案的规定，做好对竞赛优胜者的表彰奖励工作。表彰奖励的方法很多，有经济激励、政治激励、精神激励、福利激励等。无论采用何种方法，关键是要让先进、典型与榜样得到应有的尊重和鼓励。让广大参赛职工看到当先进、榜样、典型值得，产生良好的效应。此外，还要关心、爱护和培训这些先进、典型与榜样，让其保持相对的稳定性。

注意事项

1. 坚持正确有效的管理

（1）目标管理

在实施目标管理中，要注意以下两点：

一是指标分解，责任到人。对于生产经营型且集体之间的竞赛，在竞赛目标确定且实施之初，应该把竞赛指标层层分解，落到实处。要把指标分解到车间、班组，落实到具体的人。指标层层分解的好处是有利于把所有人员都动员起来，使集体与团队中人人有责任、个个有压力，调动与激发全体人员的积极性与潜能，大家齐心协力、共同努力做好工作。

二是加强监督，抓住关键。当群众发展起来后，竞赛的组织者要加强管理，经常了解与掌握竞赛的进程，认真分析与把握目标的完成情况，及时通报目标的进展情况，及时总结与推广好的做法与经验，找准存在的问题特别是影响目标实现的关键问题与薄弱环节，对实施过程中存在的难点、疑点与问题，及时进行指导，加以解决与纠正。从思想上、物质上、技术上、人员上给予支持，保证竞赛沿着既定的路线进行，促进目标的实现。

（2）大数据管理

劳动和技能竞赛的信息管理，就是参赛者及时向竞赛的组织者提供竞赛的信息，竞赛的组织者也应积极收集与掌握竞赛相关的数据。组织者要认真采集数据与掌握竞赛的进度，对任务目标的完成情况，对材料、设备、技术状况、人力、财力的消耗情况等，进行认真科学的分析，形成报表（数据、图形、曲线）、文件等，以便竞赛领导小组有效地利用这些资源，做出决策。在大数据时代，数据的采集变得十分重要。应尽可能多地采集与竞赛有关的数据并实行动态管理，科学地加以分析和运用。

（3）日常管理

日常管理主要有以下几个方面：一是按照规范化的要求，建立健全有关台账、记录，保存好相关的资料，便于以后的定性、定量的考核。二是健全与完善相关的制度与工作程序，并不断在工作中加以完善。三是抓好检查分析，对存在的发展不平衡、不协调的问题，及时地认真研究，拿出措施与对策，请示领导小组后，及时加以解决，促进竞赛活动的健康深入发展。

2. 把握劳动和技能竞赛效益的评价与核算方法

劳动和技能竞赛的效益有直接效益和间接效益等，这其中既有直接产生的经济效益，也有间接产生的社会效益及人员素质提升等方面的效益。衡量与评价劳动竞赛的效益，需要采用科学的方法进行。

（1）劳动和技能竞赛评价的方法

劳动和技能竞赛评价的方法主要有以下几种：一是有效枚举法。这种方法是按照随机抽样的原则从竞赛的成果中抽出，部分进行观察分析，所得出的数据具有一定的可靠性。这种方法主要适用于对经济效益的评价。二是静态对比法。静态对比法是对竞赛效益按不同情况进行分期、分组、分层、分类、分型、分距进行竞赛前与竞赛后的数据、质量、速度的对比。三是动态分析法。这种方法是将竞赛在不同时间上发展变化的一系列指标数据，按照时间的先后组成动态的数列。数列按其指标性质可分为绝对数时间数列、相对数时间数列。此外，还有其他一些方式方法。

（2）劳动和技能竞赛效益的核算方法

实践中，除了对劳动和技能竞赛的评价以外，还应该进一步对经济效益进行核算。可是还没有一个很好的方法可以对所有的劳动竞赛进行准确地核算。根据各地的做法，大体上有以下几种相对好一些的方法。

一是对劳动和技能竞赛总体效益的核算。对总体效益的核算，应把握两点，第一个是可以用货币直接结算竞赛效益的方式进行计算。计算方式大致为：竞赛产生的效益 = 竞赛实现值 - 行政考核值 - 竞赛费用。第二个是非货币直接结算竞赛效益的方式进行计算。这方面主要有两点：即完成率与提前量。二是合理化建议、技术革新方面效益的核算。第一个是工时节约价值 = 每小时工时费 ×（原定工时定额 - 改进后的工时定额）× 12 个月的产量。第二个是材料节约价值 =（原材料定额价值 - 改进后消耗定额价值）× 12 个月的产量。三是质量效益、降低产品成本超定额工时效益。

3. 把握劳动和技能竞赛运行管理的方法技巧

劳动和技能竞赛运行管理水平的高低，与管理的技巧有一定的关系。应该重视与研究管理的艺术，把竞赛活动搞得有声有色，以强化竞赛活动的效果。

（1）研究人的行为动机，满足职工高层次心理需求

按照马斯洛的需求层次论，人的需求产生动机，动机引发行为。人的需求是分层次的，由低级需求逐步到高级需求。不同群体与层次的人的需求也是不一样的。但普遍的情况是，人们低层次的需求得以实现与满足之后，便会产生新的高层次的需求；物质生活的需求得以满足以后，便会有精神生活方面新的需求。

在劳动竞赛中，我们既要注意影响动机的各种因素，又要处理好动机与效果的关系。动机越强烈，效果会越好。效果越好，会进一步强化动机。应该充分利用人们对精神生活追求和美好生活需要日益强烈的情况，推动人们积极地参与或者投入劳动竞赛。

(2) 从实际出发确定竞赛的内容

劳动和技能竞赛的内容是为党和国家及企业的中心任务服务的，是围绕国家的经济建设这个中心进行的。产量上不去，就以增产为重点；进度有些慢，就以提速为重点；质量不行，就以抓质量为中心；跑冒滴漏浪费严重，就以降低消耗与成本为目标；创新能力与核心竞争力不足，就以促进技术进步、提高职工素质与创新能力为宗旨。就当前的形势来讲，企业要围绕提高经济效益，以提高产品质量、提高企业和劳动者素质、推动技术进步与创新、增强企业核心竞争力为重点，广泛开展劳动竞赛。

(3) 根据需要确定竞赛的形式

要根据竞赛的性质、企业的规模、区域的情况等因素，选定合适的竞赛形式。劳动竞赛的形式是为内容服务的，但好的劳动竞赛形式也可以提高劳动竞赛的效果，应该注重形式的选择。

4. 切实加强组织领导

(1) 高度重视，认真谋划

开展"当好主人翁、建功新时代"主题劳动和技能竞赛是贯彻落实党的十九大精神、实现宏伟目标的重要举措，是践行为实现中华民族伟大复兴的中国梦而奋斗这一工运时代主题的重要载体。要高度重视，摆上重要议事日程，在完成《2016—2020年劳动和技能竞赛规划》目标任务的基础上，确定新目标，提出新要求，采取切实措施，对竞赛活动进行再动员、再部署，在职工中掀起劳动和技能竞赛新热潮。

(2) 因地制宜，分类指导

适应新时代新要求，探索建立既有宏观指导、又有具体举措，既有示范引领、又有面上发动，既有丰富内容、又有机制保障的各方面相结合的竞赛工作体系。要注意搭建区域和行业的竞赛平台，做好竞赛方案制订、竞赛发动和指导工作，从实际出发确定竞赛重点，以点带面，精准发力。企业工会要积极探索和创新竞赛的组织形式、活动内容和载体，并动员职工群众积极参加上级工会组织的竞赛活动，为职工发挥聪明才智和实现自身价值提供更大的舞台。注重总结竞赛工作经验、选树竞赛典型，发挥引领性竞赛的示范带动作用，推动竞赛广泛深入开展。

(3) 强化监督，完善机制

加强竞赛过程管理和考核评估，通过对开展竞赛活动的成效进行评估，发现问题、找出不足、改进工作。评估方法、指标体系要科学合理，评估内容、评估范围要切合实际，评估结果要作为竞赛活动评先评优、推荐表彰的重要参考。完善督促检查、统计监测、动态调整机制，进一步把竞赛活动做实。认真落实全总有关规定，积极推动政府（企业）制定与完善劳动和技能竞赛奖励办法，进一步完善竞赛激励机制。

(4) 弘扬精神，示范引领

注重从劳动和技能竞赛中发现和宣传典型，培养和选树先进，营造劳动光荣的社会风尚和精益求精的敬业风气。坚持面向基层、面向一线、面向普通职工群众，做好五一劳动奖和工人先锋号推荐评选等工作,培养和选树不同层面的工匠人才,用他们的干劲、闯劲、钻劲鼓舞更多的人,激励广大职工勤于创造、勇于奋斗、善于团结、敢于梦想,争做新时代的奋斗者。

(5)加强宣传,总结经验

充分发挥工会宣传阵地的作用,广泛运用微博、微信、移动客户端等新媒体,宣传推广基层开展竞赛活动的新鲜经验和先进典型,把主题劳动和技能竞赛打造成在职工中有较强感召力、在社会上有广泛影响力的品牌。坚持继承与创新相结合,适应新时代、聚焦新目标,不断丰富和完善竞赛内容,创新方式,总结推广先进经验,让劳动和技能竞赛在新时代展现出新的生机和活力。

范例

××分公司劳动和技能竞赛管理办法

开展群众性劳动和技能竞赛、岗位练兵、技术革新、技术比赛、合理化建议等群众性技术创新活动,是企业调动和发挥员工积极性、创造性的重要手段,是提高员工队伍综合素质的有效平台,是推动企业技术进步、提升经营管理,促进企业持续发展的有效办法。为进一步做好劳动和技能竞赛的实施和管理工作,使之规范化、制度化,特制定本办法。

第一条 劳动和技能竞赛组织机构

1. 分公司成立劳动和技能竞赛委员会(简称劳赛委),

成员由分公司领导和相关部门负责人组成。劳赛委每年召开1~2次例会，总结上年度劳动竞赛工作，确认竞赛评比结果，审定下年度劳动和技能竞赛项目及经费，对分公司劳动和技能竞赛技术创新活动提出意见。

2. 劳动和技能竞赛委员会下设办公室（简称劳赛办）设在工会，由相关部室人员组成，负责劳动和技能竞赛项目申报、组织实施、监督检查、总结表彰等日常管理工作，并对各部门劳动和技能竞赛负有指导职责。

第二条　开展劳动和技能竞赛的原则

开展劳动和技能竞赛与岗位练兵、技术比赛活动，必须围绕集团公司、省公司、市公司发展战略以及现阶段目标，遵循有利于提高员工队伍综合素质，有利于提升客户价值、提高服务满意度，有利于促进市场营销发展、推进技术进步、提高网络运行质量的原则，面向新型业务，针对薄弱环节，直接或间接地为经营发展服务。例行的行政事务和一般性管理不列入竞赛内容。

第三条　劳动和技能竞赛的层级界定

1. 参与市总工会、省××工会等上级组织的劳动和技能竞赛与技术比赛，由公司劳赛办会同相关专业部门组织。

2. 分公司层面组织的现场技术竞赛，由工会牵头会同相关部门组织实施；专业劳动和技能竞赛由专业部门牵头，工会配合组织实施。

3. 分公司部门层面的劳动竞赛和技术比赛由各部门负责组织实施，分公司工会进行指导。

第四条　劳动和技能竞赛项目的申报程序

每年 3 月 31 日前，凡需提出专业劳动和技能竞赛项目的部室，以书面的形式向劳动和技能竞赛办公室申报 1~2 项竞赛项目。逾期不申报的，则视为放弃立项要求。

第五条　申报的内容

1. 竞赛项目名称。要求定位准确，中心突出，言简意赅。

2. 阐明立项理由。对竞赛的必要性、可行性和预期效果阐明理由。

3. 草拟竞赛主要内容及考核评比办法细则。

4. 奖项设置和奖励额度。

5. 指定竞赛项目责任人（牵头人）。

6. 部门负责人签名确认。

第六条　劳动和技能竞赛项目的审定

1. 各部门申报的竞赛项目，经劳赛办会议先行协调汇总后，提交劳赛委会议审议。劳赛委会议最终确定的项目、经费以及会议要点，以"当年劳动竞赛实施计划"印发相关部室。

2. 劳赛委闭会期间，专业部门根据上级精神或者省市公司经营发展需要另外增加竞赛项目的，须向劳赛委提出书面申请，经相关领导同意后，分送各劳赛委成员周知并征求意见，如无不妥，由人力资源部和财务部追加所需经费。

第七条　劳动和技能竞赛的实施及表彰

1. 分公司层面的劳动竞赛和技术比赛活动，由工会会同相关部门草拟文稿，经相关部门会签后，由分公司和工会联合下发竞赛通知，竞赛结束后联合行文表彰。

2. 专业劳动竞赛由承办部室拟文，工会会签，分公司下发竞赛通知。

3. 专业劳动和技能竞赛结束后,实施部门应及时向劳赛办报送书面竞赛小结和评比结果。专业竞赛原则上不颁发奖状、证书,以竞赛通报的形式予以表彰。

4. 劳动竞赛和技术比赛的冠名表彰,只列××劳动竞赛第几名或几等奖、××比赛第几名或几等奖;冠以××比赛技术能手、营销能手等称号的,须事先经人力资源部认可。

第八条 劳动和技能竞赛经费及其使用

经劳赛委会议审定的竞赛奖励经费,由人力资源部安排计划,财务部列支,劳赛办确认核发。劳动竞赛经费只用于奖励获得优胜成绩的先进集体或个人,专款专用,不得挪作他用。对不符合使用规定的,劳赛办、财务部门可拒绝支付。

第九条 劳动和技能竞赛的监督管理

1. 劳动和技能竞赛的实施,相关部门要列入部门月度目标、季度目标和个人目标管理。加强对竞赛过程的跟踪管理,实施部门要采取月报、季报和通报的形式,关注竞赛进程和效果。竞赛评比要科学化、数据化,增加评比刚性。

2. 工会要会同实施部门定期或不定期地对劳动和技能竞赛进行监督检查或抽查。

第十条 本办法由公司劳赛委负责解释。

附件:1. ××分公司劳动和技能竞赛完成情况报告表
　　　2. ××分公司劳动和技能竞赛项目申报表

附件1：

××分公司劳动和技能竞赛完成情况报告表

报告部门：

竞赛项目名称			
项目主管、主办人		核定经费	
竞赛总结：（可另附纸页）			
表彰奖励情况：（奖励单位、个人、奖金额）			
部门负责人签字： 年　月　日			

附件 2：

××分公司劳动和技能竞赛项目申报表

申报部门：

项目名称	
项目负责人	
申请经费	
申请立项理由：	
部室负责人签字： 　　　　　　　　　　　　　　　　　　　年　月　日	

劳动和技能竞赛的评比表彰流程

(一) 集团公司劳动和技能竞赛评比表彰流程

图示

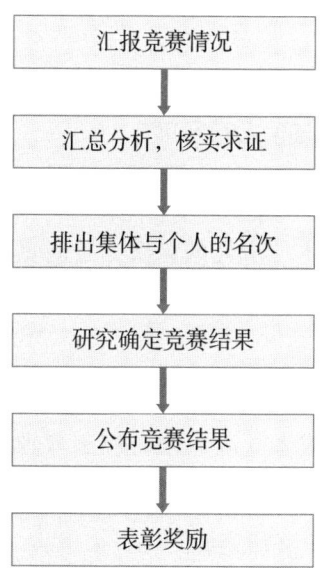

图示解说

1. 汇报竞赛情况

竞赛结束后,各子、分公司要向集团公司汇报竞赛情况,包括竞赛的策划、组织管理、竞赛过程、竞赛结果等内容,以及竞赛的时间、人数、成绩等方面的数据。

2. 汇总分析,核实求证

竞赛办公室要对各子、分公司汇报的竞赛情况进行汇总分析,分别向有关部门核实与求证,确保竞赛结果的公平公正。

3. 排出集体与个人的名次

竞赛办公室要对各子、分公司劳动竞赛的情况进行综合分析,排出集体与个人的名次,并向竞赛委员会主要领导汇报。

4. 研究确定竞赛结果

竞赛委员会或者党政联席会应实事求是地对参赛的集体与个人的情况进行总结,要进行科学的定性定量的分析,用大数据说话,最终研究确定竞赛结果。

5. 公布竞赛结果

竞赛办公室通过门户网站、官方微信公众号、App、文件等形式,公布劳动和技能竞赛评比结果,对先进集体与个人提出表彰。

6. 表彰奖励

按照劳动和技能竞赛方案的安排与规定,对先进集体和个人进行表彰,并兑现奖励。

(二) 基层单位劳动和技能竞赛评比表彰流程

图示

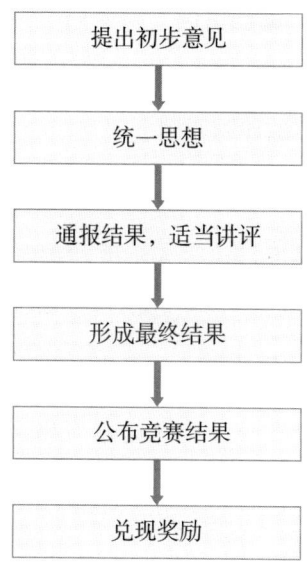

图示解说

1. 提出初步意见

工会对收集掌握的竞赛情况进行汇总分析,提出评比结果的初步意见。

2. 统一思想

党政领导主持召开会议,根据竞赛评比办法与方案统一思想。

3. 通报结果,适当讲评

在会议上通报竞赛结果,并对竞赛结果进行适当讲评。讲评内容包括竞赛的评判原则、评判标准、评判程序等。

4. 形成最终结果

针对竞赛结果进行讨论,听取相关部门和职工群众的意见,对竞赛结果进一步调整完善,形成最终结果。

5. 公布竞赛结果

竞赛委员会或党政办公室通过门户网站、官方微信公众号、App、微信群等形式,公布竞赛结果,并对获奖的集体和个人提出表彰。

6. 兑现奖励

按照制订的劳动和技能竞赛方案,对先进集体和个人兑现奖励。

注意事项

1. 把握好劳动和技能竞赛总结评比的原则

总结评比是劳动和技能竞赛的后期工作，也是一个十分重要的环节。劳动和技能竞赛的总结评比应坚持以下基本原则：

（1）实事求是原则

实事求是是我们工作的出发点与落脚点，也是我们做好劳动和技能竞赛总结评比应该坚持的最基本的原则。我们在对劳动和技能竞赛进行总结时，应实事求是地对参赛的集体与个人的情况进行总结，以成绩论英雄，靠数据定输赢。对先进人物的事迹坚持客观公正，不要夸大拔高，不要添枝加叶，也不要贬低抹黑，否则竞赛就会失去其意义。

（2）公平原则

这里所说的公平，就是贡献与奖励相统一，物质奖励与精神鼓励相统一，付出与回报相统一。要切实保证公平公正，就要进行科学的定性定量的分析，用大数据说话，防止人为的因素和戴着有色眼镜看问题。

（3）时代性原则

在劳动和技能竞赛的总结评比中，要有意识地对创新发展的东西给予高度重视，将创造性的劳动成果、生产技术创新发展的先进成果、先进人物与先进经验总结评选出来。此外，就竞赛活动本身来讲，也要不断地与时俱进，在理念、手段、程序等方面充分利用与借鉴现代管理的成果，在实践中不断向前发展与完善。

2. 掌握劳动和技能竞赛奖励的原则和方法

奖励是一种激励机制，是对参赛者工作成果的肯定，是对为企业和社会作出贡献的职工在经济上、政治上的肯定，是对参赛者作出贡献的回报，也是社会主义劳动和技能竞赛不可缺少的环节。劳动和技能竞赛奖励的原则应把握以下几点：一是精神奖励与物质奖励相结合；二是责、权、利相结合；三是奖励个人与奖励集体相结合；四是重奖与普奖相结合。

劳动和技能竞赛的奖励既是竞赛的一个重要环节，也是一门工作艺术。奖励的内容、形式对于不同的群体与个人，对于人们在不同阶段的需要，是不一样的。要认真研究奖励的内容、形式、时机等，要根据企业的实际情况和竞赛办法的规定进行奖励。资金充足，应该对作出突出贡献的给予重奖；资金有限，可根据大家的意见并综合多方面的因素采取适当的方式奖励，定制有纪念意义的奖品也是一种选择。在奖励中，对于常年性的竞赛，竞赛办法有明确规定的，应该按规定将奖金直接发至受奖的先进单位与个人。在购置奖品过程中，要严格按照财务纪律与党风廉政建设的相关规定执行。

3. 选树推广先进典型

选树推广先进典型工作是人们为加快物质文明与精神

文明建设、满足政治工作与经济工作需要而有意识地开展的活动,是精神对物质反作用的一种形式,是认识指导实践的具体体现。选树推广先进典型对于科技创新、经济发展具有指导意义与推动作用。

(1) 选树推广先进典型的原则

选树推广先进典型应把握以下两点:一是选树和推广先进典型要紧紧围绕企业的改革发展、转型升级和提高核心竞争力的实际情况进行。二是先进典型必须置身于时代的前列,必须植根于群众之中,必须在实践中培养。选树推广先进典型要做好以下工作:一是不断提高先进典型的思想政治素质;二是引导先进典型积极投入改革、创新与发展;三是引导先进典型不断提高自身的竞争力、号召力与感染力,起到典型的激励引导作用。

(2) 选树推广先进典型的方法

在选树推广先进典型时,应想方设法利用一切可能把先进典型及时介绍给广大职工。一是要坚持实事求是。应实事求是地对先进典型的经验做法进行理性分析与总结,而不应该是对先进事迹人为地拔高与主观臆造。二是要敢于坚持正确的意见并注重效果。三是要拓宽推广途径,大胆创新。四是要委以重任,压以担子,扩大先进典型的影响范围。五是要在适当的小范围内进行试验。

(3) 选树推广先进典型应注意的几个关系

既要有老的典型,也要不断推出新的典型。既要有全面的综合性的典型,也要有某一方面的典型。让不同的人有不同的学习追赶的目标,有不同阶段的学习目标。

范例

关于××××年度××区劳动和技能竞赛先进单位与先进个人拟表彰对象的公示

为推动全区劳动和技能竞赛活动取得实效,广泛听取群众意见,接受社会监督,现将××区总工会拟表彰的××××年度全区劳动和技能竞赛先进单位与先进个人推荐对象予以公示。公示时间:××月××日至××日。公示期间任何单位和个人均可通过来信、来电、来访等形式,向区总工会反映公示对象的情况和问题。以单位名义反映的应加盖公章,提供联系电话;以个人名义反映的,请签署和自报本人真实姓名,提供联系电话。反映公示对象的情况和问题,要实事求是、客观公正。

联系地址:××市××区××路××号,邮编:××××××。

联系单位:××区总工会××部,电话:(略),传真:(略)。

××区总工会
××××年××月××日

附:先进单位和先进个人推荐对象名单(略)

××公司关于表彰××××年度公司劳动和技能竞赛先进集体与个人的决定

公司各单位：

××××年，面对国内经济新常态等复杂经济局面，公司各级党政工领导团结带领全体员工，奋勇拼搏，克难创新，扎实工作，紧紧围绕"提质增效"这个主线，认真开展以"比经营绩效、比施工安全、比技术质量、比工程项目管理、比市场开发、创国内知名品牌"为主要内容的"五比一创"劳动和技能竞赛活动，公司全年各项经济技术指标取得了显著成绩，为公司持续发展增添了新的活力和动力。这些成绩的取得是公司全体员工群策群力、同心同德、攻坚克难、顽强拼搏的结果。为了表彰一年来为公司作出突出贡献的先进集体和个人，经公司各基层单位评选推荐，公司各主管部门专业考核，公司劳动和技能竞赛委员会审核评定，兹授予：

××分公司为××××年度公司劳动和技能竞赛第一名；

××分公司为××××年度公司劳动和技能竞赛第二名；

××开发公司为××××年度公司劳动和技能竞赛第三名；

××公司为××××年度公司劳动和技能竞赛第四名；

××工程公司为××××年度公司劳动和技能竞赛第五名；

××物流公司为××××年度公司劳动和技能竞赛第六名；

授予：公司市场开发部、办公室、技术质量部、人力资源部、财务资产部、生活服务公司等6个单位为××××年度公司劳动和技能竞赛先进单位。

×××等15名同志荣获××××年度公司劳动模范（名单附后）。

×××等100名同志荣获××××年度公司百佳职工（名单附后）。

公司施工技术科等16个科室和部门荣获××××年度公司工人先锋号（名单附后）。

公司希望受表彰的单位和个人发扬成绩，再接再厉，在今后的工作中创出新的业绩，作出新的贡献。公司号召全体员工，以先进模范为榜样，爱岗敬业，无私奉献，团结一心，创先争优，为完成公司××××年各级工作任务而努力奋斗。

附：1. 公司劳动模范名单（略）

2. 公司百佳职工名单（略）

3. 公司工人先锋号名单（略）

××公司　××公司工会
××××年××月××日

第二部分
综合与生产型竞赛流程 图示与范例

生产型竞赛总流程

图示

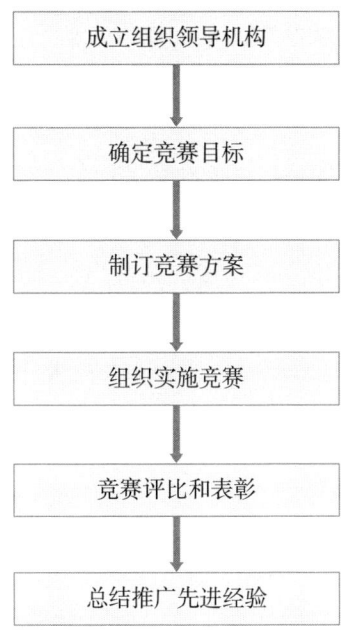

图示解说

1. 成立组织领导机构

竞赛的组织领导机构一般称劳动和技能竞赛委员会（或称劳动和技能竞赛领导小组），其主要职责是：研究确定竞赛方式、内容和目标，制订竞赛规划，审议竞赛预决算，决定竞赛奖励方案和表彰竞赛优胜者等。

劳动和技能竞赛委员会一般由企业行政领导人和工会及有关部门的人员组成（有的地方由政府有关部门人员参加）。委员会办公室设在工会，负责劳动和技能竞赛的日常组织、管理等具体工作。办公室的职责是：提出劳动和技能竞赛计划、目标，制订劳动竞赛实施方案和考核、评选、表彰奖励办法，总结、推广竞赛活动的先进典型和经验，指导竞赛活动健康发展。这种竞赛组织领导体制有利于从全局出发作出科学决策，有利于统一领导、统筹安排，有利于多方协调、形成合力，有利于解决竞赛的经费问题，推动劳动竞赛顺利开展。

2. 确定竞赛目标

确定竞赛目标要从实际出发，着力解决生产经营过程中的突出问题，特别是创新发展方面的问题，在促进生产经营任务完成的同时，注重提高职工素质，增强企业发展后劲，提高企业的核心竞争力，推动企业的长远发展。确定目标既要考虑先进性，又要考虑可行性；既不可定得过高,也不能定得过低。目标过高容易使人失去信心,目标过低就会失去竞赛的意义。

3. 制订竞赛方案

竞赛目标确定后,就要制订竞赛方案。竞赛方案的制订是非常重要的一个环节。一般而言,竞赛方案应当有以下几个方面内容:竞赛名称;竞赛指导思想;竞赛形式;竞赛内容、要求、标准和目标;参赛范围和人员;竞赛起止时间;竞赛考评和奖励办法;其他。

竞赛方案的制订要体现群众性、可行性,为大多数参赛者接受,力求做到指导思想明确、竞赛方法规范、竞赛程序合理、评比奖励公平,有利于调动和保护参赛者的积极性。

4. 组织实施竞赛

竞赛方案经过一定程度正式确定后,就进入关键阶段——组织实施。在组织实施过程中,要做好两个方面的工作:一是要做好实施前的准备,主要是做好思想发动工作,让参赛职工明确开展竞赛的意义、方法、目的和要求等,使大家有一个良好的竞争姿态和参赛心理,做到取长补短,相互学习,共同提高。二是要做好竞赛过程中的组织指导工作,包括通报竞赛进展情况、及时协调解决竞赛中出现的问题和总结交流经验等,以保证竞赛活动按照竞赛方案顺利进行。

在竞赛过程中,还要分阶段或定期进行总结,考核竞赛目标完成的情况、工作质量和实际贡献,并以此作为奖励的依据。

5. 竞赛评比和表彰

评比和表彰是劳动竞赛管理过程中不可缺少的环节。在评比和表彰工作中,要注意做到:一是评比力求准确公正,要把那些在劳动竞赛中真正优胜的集体和个人评选出来。二是对优胜者的物质奖励和精神激励要与贡献相适应,真正起到表彰先进、激励职工的作用,使劳动和技能竞赛始终保持旺盛的生命力。

对于劳动和技能竞赛的奖励问题,1994年全国总工会、财政部、劳动部联合下发的《关于劳动竞赛奖金列支渠道的通知》规定:"劳动竞赛奖金从企业依照国家规定提取的工资总额中支付,具体支付办法由企业工会与行政商定。"随着现代企业制度的建立和分配制度的改革,劳动竞赛的奖励力度正逐步加大,奖励形式也更加多样化。

6. 总结推广先进经验

总结推广先进经验是劳动和技能竞赛的重要环节。通过总结先进经验,把竞赛中创造的先进技术、先进工具、先进管理法、先进工作法和先进操作法加以推广,从而提高企业的产品质量、生产效率、核心竞争力及整个社会的生产与技术水平,是劳动和技能竞赛的目的之一。推广先进经验的方法有开展成果评选表彰、举办培训班、进行现场表演、组织集体按先进操作法工作等。推广先进经验,还要重视发挥先进人物的品牌效应,发挥劳模创新工作室、大师工作室的榜样和示范作用，同时要注意保护职工的知识产权。

注意事项

1. 进一步提高思想认识

一是要防止产生麻痹思想。生产型劳动和技能竞赛一般是传统意义上的劳动和技能竞赛，对于这类劳动和技能竞赛的内容、组织形式与运行程序，人们一般都比较熟悉，容易产生一些疲惫或者麻痹的思想认识。二是认为劳动和技能竞赛可搞可不搞，劳动和技能竞赛是工会一家的事，生产任务不忙时可以搞搞，生产任务重时可以先放放。三是认为劳动和技能竞赛只追求轰动效应，并不能很好地促进企业效益和劳动生产率的提高，作用不大、效果不好。因此，必须加强宣传和调研，并通过在劳动和技能竞赛的组织上、制度上、内容上、形式上不断创新和实践，让广大干部职工认识到劳动和技能竞赛在服务企业发展、提高职工素质、促进生产力发展方面不可低估的作用，从而为劳动和技能竞赛的顺利开展奠定坚实的思想基础。

2. 广泛参与，筑牢群众基础

广大职工是开展生产型劳动和技能竞赛活动的主体。要坚持以人为本的理念，着眼于最大限度地调动和发挥广大职工的积极性，不断激发广大职工参与劳动和技能竞赛活动的内在动力。要注重全员参与，不仅要在一线职工中开展劳动和技能竞赛,还要把技术人员、管理人员、营销人员以及劳务派遣工都组织到竞赛活动中来,形成全方位、立体化、交叉性的良好态势,并贯穿于企业生产经营和服务的全过程。要坚持竞赛活动的科学性和可持续性,努力把劳动和技能竞赛作为一种经常性工作,使参与劳动和技能竞赛成为职工的自觉行为,使劳动和技能竞赛更加富有活力、富有成效,拥有更加广泛的群众基础和内生动力。

3. 紧扣中心,把握竞赛主题

新时代、新形势下,生产型劳动和技能竞赛的开展要围绕企业生产经营目标,深入开展针对性强、内容集中、富有特色、效果显著的主题竞赛。做到哪里有生产关键,哪里有重点工程,哪里就有主题突出、内容充实、载体灵活的劳动竞赛,充分发挥劳动和技能竞赛在提升职工队伍素质、推动企业创新发展等方面的作用。

范例

××公司劳动和技能竞赛实施方案

一、指导思想

以习近平新时代中国特色社会主义思想为指导,紧紧围绕集团中心工作,全面适应新体制要求,大力开展劳动和技能竞赛,充分调动广大干部职工参与企业改革创新发展的积极性,为企业安全高效创新发展作出更大的贡献。

二、总体要求

(1) 坚持围绕中心、服务大局,使劳动和技能竞赛成为推动经济又快又好发展的强大力量。紧扣创新发展这个主题,抓住加快转变经济发展方式这条主线,在推动经济结构战略性调整、推进科技进步和创新、加快建设"百千亿工程企业"中切实发挥作用。

(2) 坚持以人为本,把开展劳动和技能竞赛与提高素质、保障职工权益统一起来。依靠主力军、建设主力军、发展主力军,在组织动员全体职工开展劳动和技能竞赛、促进经济发展的同时,大力提高职工队伍整体素质,切实维护职工合法权益,推动保障和改善民生各项政策措施得到全面落实。

(3) 坚持与时俱进、勇于创新,不断增强劳动和技能竞赛的针对性和实效性。要在总结经验的基础上,充分认识在推动高质量发展和企业组织形式、经营方式、用工方式多样化以及职工队伍结构变化条件下开展劳动和技能竞赛的特点和规律,积极研究新思路,探索新举措,不断增强劳动和技能竞赛的针对性和实效性,使之适应新时代的要求。

(4) 坚持把弘扬劳模精神和工人阶级伟大品格贯穿于劳动和技能竞赛全过程,推动竞赛深入发展。要坚持把弘扬劳模精神、劳动精神、工匠精神和工人阶级伟大品格与开展劳动竞赛紧密结合起来,善于发现和及时选树竞赛活动中涌现出来的先进典型和模范人物,充分发挥劳模的示范带头作用,激发广大职工的参赛热情,努力营造崇尚劳模、学赶先进、争创一流的良好氛围,推动竞赛活动广泛深入发展。

三、主要任务

1. 深入开展多种形式的新时代建功立业活动,推动经济结构战略性调整

(1) 在生产系统,主要围绕现行产业和培育发展新材料的要求,组织职工积极参与企业技术改造、技术攻关、新产品开发和品牌创建活动,推动有潜力的产业可持续发展。

(2) 在服务系统,要围绕创优环境、服务发展的要求,全面开展以创优美环境、创优良秩序、创优质服务为主要内容的"创三优"竞赛,促进服务工作争先创优。

(3) 大力选树培养优秀职工和优秀技术人才。在各单位普遍开展"首席员工""优秀工匠"选树活动;组织50名技能人才(或现有劳模、先进工作者)开展师徒结对。在开展劳动和技能竞赛的单位普遍建立劳模(优秀工匠)创新工作室。

(4) 加快建立职工职业技能实训基地。落实国务院关于加强终身职业技能培训的意见,健全充实公司劳动就业培训基地,全面开展"三级教育培训"工作。

(5) 深化职工节能减排、降耗增效活动。在各单位普遍开展"我为节能减排做贡献"活动,着力抓好重点单位节能减排达标竞赛,促进节能减排水平有较大幅度提升。加强职工节能减排义务监督员队伍建设,到××××年年末监督员人数达到20人,选树节约型标兵5人。

2. 大力开展职工技术创新活动,着力提升企业核心竞

争力

围绕建设"十百千亿工程企业",深入开展集"师徒结对提升技能、创新工作室组织科技攻关、科技孵化技术成果"于一体的职工技术创新活动,增强职工创新意识和创新能力,引导广大职工积极投身到经济技术创新实践中来。

(1)以车间、班组为单位,广泛开展师徒结对活动,促进一线职工普遍提高技能水平。积极开展合理化建议、技术革新、发明创造等活动,培育更多的创新能手和创新示范岗。

(2)以建立高技能人才创新工作室为载体,组织高技能水平的职工开展技术协作、技术交流、技术攻关活动,帮助企业解决生产技术难题,高标准打造科技创新平台,促进企业提升核心竞争力。

(3)以参与"职工科技节"为契机,表彰奖励职工优秀技术创新成果和先进操作方法,激发职工创新热情。推动有关方面完善鼓励职工技术创新、知识产权保护和技术创新成果转化的各项措施,促进职工技术创新活动的深入开展。

3. 广泛开展职工素质提升活动,为加快转变经济发展方式提供人力资源支持

认真贯彻党和国家加强产业工人队伍建设的战略,充分发挥工会"大学校"作用,不断提高职工队伍整体素质。

(1)引导广大职工学习践行社会主义核心价值观,继承和发扬艰苦奋斗、勇于奉献的光荣传统,把树立远大理想与立足本职争创一流结合起来,争当时代先锋和行动

楷模。

（2）广泛开展岗位练兵、技术竞赛、师徒帮教、技能培训等活动，采取有效措施，进一步调动广大职工学技术、比技能、创一流的积极性，促进职工技能水平不断提高。

（3）广泛开展选树"首席技师""首席员工""金牌工人"等技能带头人活动，激发职工学习技术、提高技能的热情，激励职工争当高技能人才。

（4）积极推进企业文化和职工文化建设两项"五个一"活动，把提升企业核心竞争力与提升职工素质有机结合起来，为企业和经济社会发展凝聚强大精神动力。

4. 继续开展"我为节能减排做贡献"活动，积极推动资源节约型、环境友好型社会建设

（1）加强节能环保教育，不断提高职工的节约环保意识，倡导文明、节约、绿色、低碳的生产方式和消费方式，使节约资源、保护环境成为广大职工的自觉行动。

（2）发动职工广泛开展小革新、小发明、小改造、小设计、小建议"五小"活动，研发和推广节能减排新技术、新工艺、新材料、新设备，为节约资源、保护环境献计出力。

（3）广泛开展节能减排竞赛活动，着力抓好重点行业、重点企业节能减排达标竞赛，推动企业能耗和排放达到先进水平，促进节能减排目标的实现。

（4）发动职工群防群治，落实各项节能减排措施，杜绝跑冒滴漏。组织职工参与节能减排管理和监督，进一步加强职工节能减排义务监督员队伍建设，充分发挥这支队

伍的作用。

四、保障措施

（1）进一步统一思想认识。充分认识开展劳动和技能竞赛的重大意义，进一步增强做好这项工作的责任感和使命感，以改革创新的精神，努力推动劳动和技能竞赛深入发展，使劳动和技能竞赛在推动科技创新，促进高质量发展中切实发挥作用。

（2）夯实竞赛基础，扩大竞赛覆盖面。班组竞赛是劳动竞赛的主要基础。要通过开展以创建"工人先锋号"为载体的班组竞赛，深化"五型"班组建设，把更多的职工吸引到竞赛活动中来，不断夯实竞赛基础，使劳动和技能竞赛充满活力、蓬勃开展。不断扩大劳动和技能竞赛覆盖面，使竞赛从传统产业向战略性新兴产业，从速度和效率向质量与科技，从生产领域向管理领域、服务领域拓展。

（3）加强组织领导，明确工作职责。建立公司劳动和技能竞赛考核评价机制，从规划方案制订、目标任务提出、工作措施落实、活动效果检验等方面，对劳动和技能竞赛实行全过程全方位的考核与评估，逐步建立起科学规范的考核评价体系。

××集团社会主义劳动和技能竞赛评比奖励实施办法

一、指导思想

以习近平新时代中国特色社会主义思想为指导，坚持工会在新时代服务于改革、创新和发展的大局，本着公开、公正、公平的原则来进行。通过评比奖励，最大限度地组织动员广大员工围绕公司中心工作，投身于社会主义劳动和技能竞赛活动中，提高职工素质，推动技术进步，注重活动效益，实现广泛参与，更好地推进公司持续、稳定、协调发展。

二、组织领导

公司成立社会主义劳动和技能竞赛评比委员会，简称评委会。评委会主任由总经理担任；副主任由主管副总、工会主席担任；委员由工会副主席和生产、技术、营销、人力资源、安监等部门负责同志担任。评委会办公室设在工会，负责与上级劳动和技能竞赛委员会的联系及公司劳动和技能竞赛活动的协调、指导和日常管理等工作。

参赛单位要成立相应的劳动和技能竞赛委员会与竞赛办公室，竞赛办公室设在本单位工会。

三、竞赛形式及评比条件

1. 劳动和技能竞赛实行分组竞赛，公司6个系统，39个参赛单位，分13个竞赛组别，按月、季两种形式进行竞赛评比和奖励。

2. 劳动和技能竞赛评比实行百分制，各竞赛指标增分之和不得超过50分，每项减分最多减至零分。

3. 营销、生产、安全、技术、运输、多元办为各系统初评部门，职责为：根据年度生产经济效益指标及经营管理目标，结合本系统实际情况，分别制定下发所主管竞赛小组具体的评分办法和考核标准，报评委会办公室备案。每月（季度赛每季第一个月）5日前，各参赛单位将上月（季）竞赛指标完成情况报表和月（季）工作总结分别报各系统初评部门（报表格式由各处自定）与评委会办公室各一份。每月（季度赛每季第一个月）8日前，各系统初评部门依据评比考核办法对参赛单位进行考核，排出顺位后报评委会办公室。

4. 评委会办公室要严格标准，及时对各参赛单位的综合指标进行认定。（1）参赛单位凡发生责任事故，取消评比资格。在未失去评比资格的基础上，发生不良反应，每件从总分中减2分。未发生以上失去评比资格和减分事故（事件），以及本月度实现安全百天或安全年时，在总得分中另加10分。（2）参赛单位在本月度收到整改通知书，每项减去该单位竞赛评比总分2分。（3）参赛单位发生失去评比资格和减分情况，均以定责或定性的月份为准，经评委会审定后列入考核一次。参赛单位（竞赛办公室）未按规定日期送交竞赛评比报表和工作总结或隐瞒事故（事件），虚报成绩、漏报项目者，均按弃权或失去评比资格办理，并在下次评比中减去5分。

5. 评委会根据参赛单位的大局观念、协作精神、进步幅度、贡献大小以及经营管理、社会影响等方面的情况，酌情增减得分或调整评比顺位，每月10日审议评定各竞赛小组竞赛名次，12日前在集团门户网站和劳动竞赛群公布评比结果。劳动竞赛中需要仲裁的事宜，要逐级申报，由评委会最终审定。

四、表彰奖励

1. 获劳动和技能竞赛各竞赛小组第一名，且总分在90分以上者，为劳动和技能竞赛优胜单位。由评委会办公室代表评委会颁发优胜流动红旗，连续三次者（可跨年度）另授固定奖旗一面，并由评委会办公室代表评委会向获三连冠的单位发送贺信。

2. 月度劳动和技能竞赛优胜单位第一、二次及连续三次以上的奖励标准，按职工人均200元、400元、600元奖励；季度劳动竞赛优胜单位第一、二次及连续三次以上的奖励标准，按职工人均400元、600元、800元奖励，奖金从工效挂钩工资基金中列支。竞赛奖金要做到专款专用，主要由各单位竞赛办公室用于奖励在劳动竞赛活动中作出突出贡献的集体和个人。竞赛奖金按有关规定由优胜单位先行垫付，后向计财部办理工资结算。

3. 各级组织和有关部门要把劳动和技能竞赛的成绩作为年终评先、管理和领导人员政绩考核等工作的重要依据。

五、其他事项

1. 各单位要加强领导，认真搞好劳动和技能竞赛的宣传发动、总结评比、表彰奖励等工作，营造唯先必争的竞赛氛围，为广大职工搭建一个展示才能、争先创优的舞台。

2. 各单位劳动和技能竞赛委员会要结合本单位生产实际和作业特点，修订本单位的竞赛考核办法，完善竞赛奖励机制，大力开展各种行之有效的劳动竞赛活动。

3. 各单位竞赛办公室要切实履行职责，做好本单位劳动和技能竞赛的组织协调和日常事务工作，及时完成表彰奖励有关事宜，并将竞赛中的好经验、好建议报评委会办公室。

安全、工程等专项竞赛流程

图示

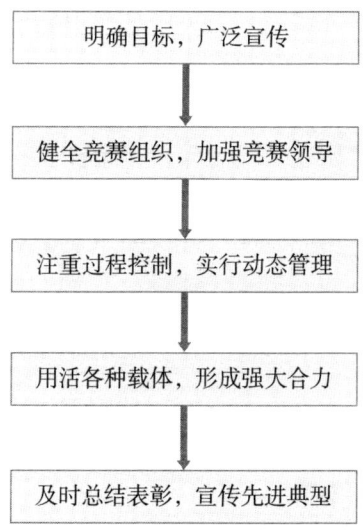

图示解说

1. 明确目标，广泛宣传

安全、工程等专项竞赛流程包括"安康杯"竞赛、以某项工程为主要目标、以做成某项工作为目标的劳动和技能竞赛，是竞赛体系中的一个重要分支，有着自己的特色、地位与作用。这项工作首要的是明确目标值，加强宣传动员。调动人这个生产要素中最活跃、最积极的因素，发挥全员潜在的创造力，需要制订切实可行的宣传动员方案，激发全员参与的热情。

赛前动员可采取：动员大会、誓师大会、签订责任状、成立突击队、竞赛主要场地宣传标语布置、建立微信群及时推送竞赛信息等多种多样的形式，营造出竞赛氛围。在宣传动员中还要把握好"三个明确，三个统一"，即：明确竞赛主题、明确竞赛目的、明确竞赛方案。统一领导组织、统一宣传口径、统一奖罚标准。其中竞赛方案制订的优劣对竞赛活动开展的效果起着关键性的作用。竞赛方案要切合实际，有步骤、有措施、有奖罚，既要针对工作中的重点难点问题，又要兼顾整体工作。参赛范围要体现全员性，竞赛标准要体现竞争性，评比办法要体现公正性，奖罚兑现要体现及时性。

2. 健全竞赛组织，加强竞赛领导

劳动和技能竞赛开展得是否扎实，是否轰轰烈烈，是

否成效显著,关键是领导、是组织、是指挥。在新形势下,由于劳动竞赛的内涵越来越宽广,单靠某个领导、某个部门不可能实现竞赛的全面胜利,所以各级领导人员都要高度重视、强力组织、切实贯彻。要把劳动竞赛当成"一把手"工程来实施,建立健全以"一把手"为主要责任人的组织体系,党、政、工齐抓共管,各个部门共同参与。明确各级领导在劳动竞赛中的职责,分解各个部门在劳动竞赛中的任务,做到既各司其职又相互配合。以建筑施工单位为例,成立以项目经理为组长,党支部书记和工会主席为副组长,安全质量部门、技术施工部门、计划财务部门、设备物资部门、办公室后勤部门等人员为成员的劳动和技能竞赛委员会,负责劳动和技能竞赛的组织、协调、考核、评比等工作。

3. 注重过程控制,实行动态管理

竞赛活动启动后,就要加强过程控制,进行阶段性的总结和评比工作,认真研究竞赛中的新情况、新问题,适时调整方案,合理安排,确保整个竞赛活动环环相扣,步步紧跟,快速推进,杜绝前紧后松的弊病。尤其是建筑施工行业,生产环境各不相同,千变万化,竞赛过程的控制显得尤为重要。竞赛过程的控制,必须从每个岗位、每个工序、每个环节入手,紧跟进程,及时进行监督检查,及时调控,确保每个细节都处于受控状态,做到"抓质量分毫不差,抓安全寸步不让,抓进度分秒必争,争效益锱铢必较"。比如,在项目施工中以周例会的形式通报竞赛情

况，对施工中的异常和变动及时分析原因，寻找对策，每月对劳动竞赛的全面情况进行一次小结，及时总结好的经验，进行推广，实现科学灵活的动态管理。

4. 用活各种载体，形成强大合力

在开展劳动和技能竞赛的同时，注意结合企业推行的其他有特色的活动载体，例如同"安康杯"竞赛相结合、同职工技术比武相结合、同党员挂牌相结合、同青年安全示范岗相结合、同女职工建功立业活动相结合等，用活各种载体，多重互动，发挥各项活动的影响力，形成强大合力，增强劳动竞赛在凝聚人心、激发热情、团结互助、促进生产等方面的激励作用。

5. 及时总结表彰，宣传先进典型

劳动和技能竞赛的评比表彰奖励工作，是推动全行业劳动和技能竞赛与群众性经济技术创新活动上水平、充分调动广大职工主力军作用的重要工作，是生产经营活动中不可缺少的重要组成部分，是现代经营管理的重要手段和有效途径。企业领导人员要给予高度重视，切实加强对劳动和技能竞赛评比表彰奖励工作的领导，确保工作措施到位，评选比例到位，评选质量到位。劳动和技能竞赛评比表彰奖励工作，要面向基层，面向一线职工，面向重点工程，并要兼顾行业内的代表性，要走群众路线，充分发扬民主。同时，注重对劳动和技能竞赛过程的监督检查，及时进行相应阶段的总结，善于发现劳动竞赛中涌现出来的

先进经验和典型做法，注意进行典型引导以推动整体工作的开展。

注意事项

1. 围绕中心，突出竞赛重点

劳动和技能竞赛，要围绕党和国家的整体工作部署进行与展开。当前应围绕京津冀协同发展、长江经济带发展、"一带一路"建设、粤港澳大湾区建设、大运河文化带建设、东北振兴等国家战略的实施，进一步落实全总有关通知要求，结合各自功能定位和发展导向，聚焦重点地区、重点领域和重点项目，细化具体实施方案，不断丰富和完善竞赛活动。要深化重大工程建设竞赛。在总结多年来开展重大工程竞赛经验和做法的基础上，结合新时代国家战略规划，依据《重大工程建设劳动和技能竞赛工作指南》，进一步规范竞赛的组织领导、活动形式、活动内容、日常管理、考核评估、表彰奖励等，推动重大工程劳动和技能竞赛进一步扎实有效开展。要开展贫困地区基础设施建设竞赛。在贫困地区的交通、水利、电力等基础设施重点项目和民族地区重大基础设施项目、民生工程建设中，组织动员职工群众广泛开展重大工程竞赛、职工技术创新和素质提升等活动，促进项目优质高效安全完工，促进贫困地区基础设施进一步完善，加快经济社会发展。

2. 把握安全生产竞赛的主要形式与载体

以"安康杯"竞赛为主要形式的安全生产竞赛是做好安全生产工作、维护职工安全健康权益的有效载体。要在更多的行业和企事业单位中把这项竞赛开展起来，积极促进安全生产。在职工中广泛开展安全生产宣传教育，重视安全知识和技能培训，引导职工增强安全生产责任感，提高事故防范、应急处置能力。发展企业安全文化，积极营造"人人讲安全、事事重安全、处处保安全"的良好氛围。积极协助企业完善和强化企业安全管理，落实安全生产责任制，使安全生产的各项措施落实到每个岗位、每位职工，减少和避免生产事故与职业危害的发生。普遍开展安全健康知识教育，使职工安全意识和自我保护能力明显增强，职工死亡、重伤和职业危害事故不断下降。把煤矿、建筑、交通运输、化工等高危行业和劳动密集型企业作为重点，积极推动全行业和全员参加"安康杯"竞赛活动，促进企业安全生产和职业卫生防护工作。要充分发挥工会劳动保护监督检查员的作用，坚决杜绝、勇于抵制违章指挥、违章作业，切实把好安全生产的第一道防线，确保职工在生产劳动过程中的安全与健康。

3. 合理确定竞赛内容与目标

阶段性竞赛或者专项竞赛的一个特点，是目标或者目的很明确，就是要完成专项的或者特定时间段内的某项工作任务。一般是这个阶段内比较急、比较重要的任务。而为了完成这样的工作任务，竞赛办法中应该明确并恰当地规定具体的内容与要求。以某项工程进度劳动和技能竞赛为例，包括工程质量、工期进度、安全文明施工、成本管理、后勤保障综合治理和思想政治工作五个方面内容：

（1）工程质量以质量管理和工程质量为主要内容，包括工程质量、质量保证资料、质量保证体系等，通过竞赛确保该工程质量目标的实现。

（2）工期进度。根据工期计划的总体要求，制订主要施工阶段的进度计划开展竞赛，各分部要结合工程实际，分部位、分项目制订进度计划，开展具体竞赛，确保该工程的工期进度。

（3）安全文明施工以安全生产文明施工管理制度为依据，包括组织领导、制度建设、资料管理、岗位责任制度、劳动保护、职工教育、执行绿色施工环境保护方案等。

（4）工程成本管理主要包括成本管理制度是否建立健全及执行落实情况；成本预测、预控、过程分析是否有记录、是否建立降耗、降支措施及落实情况；预算项目和工作流程是否清晰准确；合同管理是否及时完善；劳务、机械、材料的各种管理制度是否建立健全及执行落实情况；各种支出是否合理、明晰。

（5）后勤保障与管理、综合治理与现场思想政治工作，包括：现场职工食堂、医疗室；办公区卫生、办公环境、办公用品保障供应；生活基地的宿舍、食堂、浴室、厕所等方面的管理；现场、生活基地的治安保卫、交通安全、消防安全；职工之家建设、企业文化建设、劳动竞赛、阳光工程、党团工会建设、青年突击队建设、宣传教育、人才培养、创建学习型企业活动、通讯报道等工作。

范例

××公司安全生产劳动竞赛活动方案

一、目的

为了贯彻公司"管理强化年"的精神,完成好××××年各项工作指标,提高员工综合素质和项目施工现场安全强化的落实,结合公司安全管理具体实施情况,特制订本方案。

二、总体要求

以公司总体安全政策及××××年安全生产管理目标为统领,深入贯彻执行公司推行的安全体系文件和各项管理制度,以劳动和技能竞赛的方式,广泛宣传安全文化知识,普及安全生产要求,提高项目安全管理水平和员工安全意识,推动隐患治理各项措施的落实,减少不安全行为和安全隐患,达到以活动促进工作的目的,确保公司安全生产形势持续稳定。

三、活动主题

平安交通,人人有责

四、活动时间

××××年××月××日至××××年××月××日

五、活动要求

各部室、各项目部要以"安全生产劳动和技能竞赛"活动为契机,进一步加强安全生产责任,严格执行安全生产管理制度,增强安全意识,加强安全管理,健全和约束机制,把完善各项安全规章制度和措施与落实安全生产责任制有机结合起来。"安全生产劳动竞赛"活动开展的效果将作为各项目安全生产考核的依据,对活动不积极和开展效果不理想的部门、项目部在年度考核时作出处理。

1. 悬挂以安全生产为主要内容的横幅、标语。

2. 在项目宣传栏上出一期安全类板报。

3. 各项目派代表与其他项目互换检查对方项目的安全隐患。

4. 每周开展一次安全活动教育讲座,并要求有详细笔记。

5. 现场演习突发事件急救和自救互救能力,以应对突发事件。

6. 公司及公司工会门户网站、工会微信群每周一次推送竞赛信息,宣传先进经验,通报进度与存在的问题。

7. 部室负责人督促检查项目违章处理,保证活动效果,相关部门配合督查工作。不定期去项目上抽查安全知识。落实安全措施,检查纠正不安全行为,当场整改安全隐患。

8. 公司安监部抓好全公司安全劳动竞赛活动的督促检查,加大安全教育覆盖面,纠正违章处罚,对任何安全违章行为按照规定进行处罚。引导每位员工自觉遵守安全制度，履行职责，落实安全措施。

9. 为了鼓励先进，安全竞赛活动结束后，组织有关部门、项目部进行考核评比。设立"安全生产优胜集体奖""安全生产先进员工奖"。公司召开颁奖会，对评出的"优胜集体"和"先进员工"分别给予颁奖，以兹鼓励。

××公司　××公司工会
××××年××月××日

××水力发电总厂安全生产劳动竞赛考核标准

0　引言

为规范本企业安全生产劳动竞赛考核管理，调动全厂广大职工搞好安全生产的积极性，提高企业安全生产水平，特制定本标准。

1　范围

1.1　本标准规定了安全生产劳动竞赛考核管理的职责、管理内容与方法以及检查与考核。

1.2　本标准适用于安全生产劳动竞赛考核管理的工作。

2　职责

2.1　安全生产劳动竞赛考核管理工作由安全监察部、工会共同负责，工会为主管部门。

2.2　工会负责安全生产劳动竞赛考核的组织管理工作。

2.3 安全监察部负责安全生产劳动竞赛的考核工作。

3 管理内容与方法

3.1 本厂的安全记录竞赛、运行千项操作无差错竞赛、运行值工作票无差错竞赛、汽车万里行车无事故竞赛及安全管理竞赛由厂劳动竞赛委员会领导，制定考核标准和竞赛办法，由工会组织实施。

3.2 安全记录竞赛：对运行值和汽车车队及生产系统的部室等，实行无障碍、无事故（含无轻伤、无重伤、无统计事故、无未遂）的安全记录竞赛。安全天数见附表1中的规定。

3.2.1 各单位超过附表1中规定的安全天数，即可根据附表中的标准申报，由安全监察部负责审核，并按上月末本单位在册实有人数乘以得奖标准发奖金。

3.2.2 凡属本单位所管辖范围内的设备发生障碍和事故以及发生人身伤亡事故时，均中断该项安全竞赛记录，安全天数重新算起。

3.2.3 违章操作及严重违章行为，虽未构成障碍或事故后果，但经安全监察部认定或厂部认定为厂内责任障碍或事故，按3.2.2条规定执行，中断安全竞赛记录。

3.2.4 开展安全生产劳动竞赛其奖励考核日期从××××年1月1日开始计算。

3.3 运行千项操作无差错竞赛：

3.3.1 竞赛内容

3.3.1.1 操作连续累计次数每达到1000项无差错给予

奖励300元；

3.3.1.2 操作连续累计次数每达到5000项无差错给予奖励1000元。

3.3.2 操作无差错竞赛以个人操作项数为参赛依据。由统计申报，并由安全监察部核实后发放奖励。

3.3.3 监护操作按上述办法执行。

3.4 汽车万里行车无事故竞赛：

3.4.1 竞赛内容

3.4.1.1 连续安全行车10000公里给予奖励500元；

3.4.1.2 连续安全行车30000公里给予奖励1000元；

3.4.1.3 连续安全行车60000公里给予奖励2000元。

3.4.2 万里行车无事故竞赛以个人行车公里数累计，由车队提出参赛依据（核实行车公里累计数）申报，并由安全监察部核实。

3.5 运行值工作票无差错竞赛：

3.5.1 竞赛内容

3.5.1.1 电气、机械专业填写工作票连续100张无差错给予奖励300元；

3.5.1.2 运行值办理工作票连续100张无差错给予奖励300元。

3.5.2 工作票无差错竞赛以班组为参赛依据。由发电部统计上报，安全监察部核实后发放奖励金额。

3.6 运行值实行安全生产管理达标竞赛：

3.6.1 竞赛办法：采取打分形式，满分为200分。其中设备事故10分，人身重伤20分，人身伤亡事故70分，安全管理 100 分。每年进行一次评比，当总分达 160 分以上者参加评奖。

3.6.2 评定办法：各值每年在 1 月 10 日前将本值上一年的安全生产劳动竞赛总结材料及安全生产管理评分表自打分情况报厂工会。由厂安全生产劳动竞赛领导小组组织评议，并审定。

3.6.3 奖励办法：开展安全劳动竞赛本着以精神奖励为主，物质奖励为辅的原则。从参加竞赛的值中评出，按分数的高低排列名次，厂部第一名按人均 1000 元给予一次性奖励，并发给"安全生产管理先进单位"牌匾。第二名按人均 700 元给予一次性奖励，并发给"安全生产管理及格单位"牌匾。

3.6.4 安全生产管理评分标准见附表 2。

4 检查与考核

本标准按本厂《经济责任制考核实施办法》进行检查与考核。

附加说明：

本标准由标准化委员会提出，标准化办公室归口管理；

本标准由安全监察部负责起草并负责解释。

本标准起草人：×××

审　核：×××

批　准：×××

附表 1　奖励及安全记录考核标准

单位 \ 项目（标准元/人，安全天数）	无障碍 300	无事故 500	无障碍 400	无事故 800
运行值	200	150	300×n	300×n
汽车队	250	300	365×n	365×n
生产系统部室	300	350	750×n	1000×n

注：$n = 1、2、3\cdots\cdots$

附表 2　安全生产管理评分标准

检查项目	标准分	主要考核内容	扣分标准	得分
一、安全管理	20	—	—	
1. 安全生产责任制	4	运行值、班组有关人员安全职责明确，安全责任落实。	安全责任制不健全和贯彻不得力扣2分。	
2. 运行值安全机构和安全网	4	运行值应设有兼职安全员；班组有专职或兼职安全员；值一级安全网作用得到发挥。	运行值没有安全机构扣2分；班组没有专职或兼职安全员扣1分；安全员因工作变动不在岗位，不报不补额时扣1分。	

续表

检查项目	标准分	主要考核内容	扣分标准	得分
3. 安全活动	6	运行值每月进行安全分析活动一次；班组每周进行安全活动一次；并有专用的安全活动记录本。	运行值每缺一次扣2分；班组每少一次扣1分；无专用安全活动记录本，无据可查，视为未开展安全活动，该项全部扣分。	
4. 事故分析及统计上报	6	对事故应按"三不放过"的原则进行处理，并按规定及时填写事故报表上报安全监察部。	未达到"三不放过"，一次扣2分；不按规定及时填写事故报表时扣2分；对隐瞒事故行为，该项全部扣分。	
二、规章制度	25	—	—	
1. 规程	2	运行、检修、试验、安规、管理等规程齐全。	每缺一种规程扣1分；规程与现场实际不符合扣1分。	
2. 安规考核	4	每年度安规考试人数应达到应考人数的95%以上，及格率达到100%。	应考人数每低于1%扣1分；及格率每低于1%扣1分。安规考试不及格上岗者1人扣1分。	

续表

检查项目	标准分	主要考核内容	扣分标准	得分
3. 公布批准有关人员名单	2	"工作票签发人员名单""工作负责人员名单""工作许可人员名单"有批准公布执行。	少一项扣1分;发现未经批准的人员单独签发工作票或担任工作负责人及工作许可人的情况该项全部扣分。	
4. 操作票、工作票、开票率、合格率	4	操作票、工作票开票率达到100%;操作票、工作票不应有缺项、顺序颠倒等原则性错误;票面合格率达到95%以上。	操作票、工作票开票率每降低1%扣1分;每有一处原则性错误扣2分;票面合格率每降低1%扣1分。	
5. 设备缺陷管理	3	发现缺陷及时登记汇报。按设备缺陷管理职责分工的规定,及时对设备缺陷进行签批和处理。	未按规定办理每发现一处扣1分。	
6. 设备定期轮换试验	3	运行单位有设备定期工作制度,并要严格执行;检修单位有设备定期试验维护制度,并要严格执行。	没有定期工作制度或未严格执行各扣1分。	

续表

检查项目	标准分	主要考核内容	扣分标准	得分
7. 交接班制度	2	有"交接班制度"且严格执行。	发现不认真执行的,一次扣2分。	
8. 巡回检查制度	3	对运行、检修人员有设备巡回检查制度,要严格执行。	未按规定制度进行管辖设备巡回检查,每发现一个班扣2分。	
9. 承包工程安全监护制	2	对承包工程负责安全监护的值、班组要严格执行有关安全规定。	没有按规定执行安全监护扣1分;没有安排监护人员或监护人员工作失职该项全部扣分。	
三、设备与现场管理	40	—	—	
1. "两措"计划	3	年度"两措"计划完成情况和设备完善化及改造计划完成情况。	没有"两措"计划全扣分;没有完成,一项扣1分。	
2. 设备名称编号标志齐全	6	电气主开关、刀闸应有双重编号;水轮机、发电机、油、水、气风管道漆色和阀门编号正确;阀门开关方向标志醒目。	每少一项扣2分。	

续表

检查项目	标准分	主要考核内容	扣分标准	得分
3. 定期开展反事故演习	6	班组每季度作一次反事故演习；值每半年作一次反事故演习。	班组每少一次扣1分；值每缺一次扣2分；没做反事故演习该项全部扣分。	
4. 无违章现象	6	检修现场必须戴安全帽；高空作业时必须系安全带；现场作业要严格执行监护制，倒闸操作正确。	未按规定戴安全帽、系安全带，每发现违者一次扣2分；违章作业或误操作一次扣5分；操作不验电、监护不唱票，发现一次扣3分。	
5. 无违纪现象	4	生产场所不得穿高跟鞋、裙子、短裤、挂线衣、拖鞋等。	违者每发现一次扣3分。	
6. 转动设备的防护	3	旋转机械设备裸露部分应装防护罩。	每发现一次没装防护罩扣2分。	
7. 设备运行	2	设备按规程（或厂家）规定的运行定额运行。	运行设备参数超限，发现一次扣2分。	
8. 实施"安措"情况	4	有空调设备要正常投入；检修期间对水车室、安装间增设轴流风机数台；夏天对发电机层增设轴流风机（空调效果差的情况下）。	现场无保障职工安全健康措施，该项全部扣分。	

续表

检查项目	标准分	主要考核内容	扣分标准	得分
9. 保护及自动装置	6	发电机、变压器、厂用电的自动切换装置、各线路保护、故障录波器应正常投入运行。	主保护或自动装置误动或拒动,出现一次扣2分;未经批准退出保护或自动装置运行,每发现一次扣3分。	
四、安全用具	15	—	—	
1. 电气绝缘用具	5	对绝缘用具按期试验,有试验台账;所有绝缘工具试验标签齐全;对电气绝缘用具要集中保管。	未按期试验及台账查不出,每件扣2分;标签不齐全每件扣1分;操作不用绝缘用具,发现一次扣5分;已坏的绝缘用具拿去操作,发现一次该项全部扣分。	
2. 起重工具及指挥语言	5	按"安规"(机械)要求进行试验;有试验台账,有数据可查;作业指挥必须使用双重语言。	未按期试验,每件扣2分;台账不齐全,每件扣1分;指挥使用语言不全的扣2分。	
3. 登高工具	5	按期进行试验;有试验台账,有数据可查。	未按期试验,每件扣2分;台账不齐全,每件扣1分。	
合计	100			

"安康杯"竞赛流程

图示

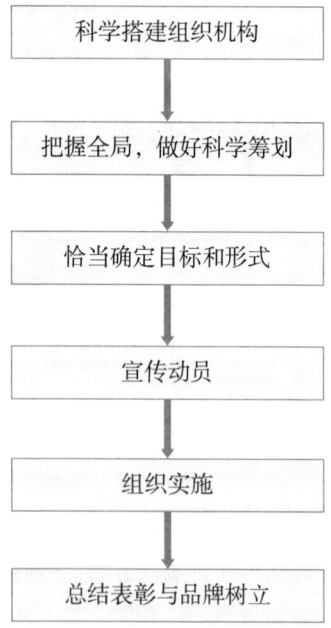

> 图示解说

1. 科学搭建组织机构

（1）各部门通力协作，全力搭建全国与地方竞赛组委会

"安康杯"竞赛活动由中华全国总工会、国家安全生产监督管理总局组织开展，成立全国"安康杯"竞赛组委会。每年活动在其统一领导下，由全国"安康杯"竞赛组委会办公室组织实施。各地方"安康杯"竞赛组委会及其组织机构也要根据每年全国"安康杯"竞赛组委会通知精神要求成立省、市、县竞赛组委会，从组织上给予充分保证。

（2）认真贯彻竞赛各项要求，成立各级单位部门竞赛组委会

依据上级文件精神和本单位的具体工作部署，首先应成立本部门或企业的"安康杯"竞赛组委会，领导小组以总经理、党委书记、生产副总经理、工会主席和各单位（部门）负责人为主要成员，设置专门的办公室和专职人员具体负责"安康杯"竞赛活动的开展，工会主席为竞赛活动第一责任人。遇到人事变动，应及时调整充实。建立单位、部门和班组三级安全管理网络。确保组织健全，活动正常，努力形成一个稳固、可靠的安全管理机制。

2. 把握全局，做好科学筹划

（1）围绕安全发展，明确指导思想

"安康杯"竞赛活动一定要突出发展的主题，明确指导

思想。要牢固树立"红线"意识和安全发展理念，坚持"安全第一、预防为主、综合治理"的方针，积极组织开展群众性安全生产活动，提高职工安全健康意识和素质，促进安全文化建设，提高安全管理水平，为促进安全生产形势稳定好转，实现经济社会持续健康发展建功立业。

（2）结合全国"安全生产月"活动主题，科学规划"安康杯"竞赛活动方案

科学设计活动方案的前提条件是调查研究。就是要通过调查研究把握时代特征，了解企业生产经营特点，找准企业工作的重点、难点和热点，知晓职工群众的心理需求和接受能力，通过科学确定活动方案，保证竞赛赛在关键上、赛在根本上、赛在点子上。

科学设计活动方案的关键环节是抓住重点。具体地说，就是要围绕企业的中心工作设计活动方案，抓住企业生产经营中的薄弱环节设计活动方案，把握企业发展脉搏，在发展变化中确定竞赛的重点设计活动方案。高层次的"智力型"竞赛更应以献计献策、科研、质量、技术攻关和提高员工素质为重点来设计选题。

科学设计活动方案的基本要求是找准结合点。竞赛是一项集生产组织管理、思想政治工作、经济手段和精神文明建设于一体的综合系统工程。开展竞赛必须与主要工作紧密结合起来，在抓有机结合上做文章，这样才能收到最佳效果。具体地说，就是要与生产组织、科学管理、民主管理、创新发展、评先选模、员工工资奖金分配以及社会主义精神文明建设等多项工作紧密结合。

科学设计活动方案还需考虑的其他相关因素包括：竞赛是一次性的，还是连续性的；这种竞赛参加者的智力、体力能否承受得了；竞赛与全面工作的关系如何协调等。只有把这些因素事先考虑进去，设计出的选题在实施时才能顺利进行，不受干扰。

同时，要结合每年的全国"安全生产月"活动的成功经验，在深入调研、广泛听取各方面意见和建议的基础上，认真研究策划当年的"安康杯"竞赛活动方案。方案应当坚持"创新形式，注重实效"的原则，以宣传"安全发展"指导原则为主线，紧紧围绕"安康杯"竞赛的活动主题，着眼于高起点、广覆盖、重实效、突出重点、持续深入的目标，策划系列活动。

3. 恰当确定目标和形式

（1）竞赛目标的制定

科学确定竞赛目标需要注意把握以下问题：一是竞赛目标要体现时代特点。二是竞赛目标既要符合企业的利益，又要反映广大职工群众的根本利益。三是竞赛目标应该把企业组织规定的外在目标与广大职工群众自己确立和选择的内在目标统一起来，尽量变非自愿目标为自愿目标。四是竞赛目标应该兼顾长远利益与近期利益、长期任务与近期任务，使短期目标成为长期目标的一部分或一个阶段。五是竞赛目标应该是现实的、能够实现的，必须是需要付出努力才能实现的目标。六是竞赛目标要由模糊向量化努力。七是竞赛目标要寻找新的增长点。八是竞赛目标要能够凝练成有影响力的口号,并使之成为全体参赛者的共识。

(2) 竞赛主题、参赛范围、活动内容和形式

①竞赛主题。在每一年度全国"安康杯"竞赛确定的主题下,根据本行业、本企业的特点明确竞赛主题,特别鼓励参赛单位在认真做好"规定动作"的基础上,不断创新"自选动作"。

②参赛范围。各类企事业和机关单位。

③活动内容。应根据各类企事业和机关单位的实际情况而展开。

④活动形式。工会组织竞赛采用的形式主要有自选定额升档式竞赛、横向联合式竞赛、立项承包式竞赛、创先立功式竞赛、双保合同式竞赛、达标式竞赛、将帅立功式竞赛。工会在组织竞赛时究竟采用哪种形式,要因企业而异,要从每个企业的实际效果出发,来选定自己的竞赛形式。但是,不论采用哪种形式,都应以攻坚战式的短小竞赛为宜,不要搞疲劳战。

4. 宣传动员

要采用多种形式,深入宣传动员,让竞赛活动的意义、内容、做法和要求家喻户晓,使员工踊跃参加。

①下发活动通知、活动方案和竞赛活动倡议书,明确活动的内容。

②可以选择一个有代表性的典型项目或二级单位举行"安康杯"竞赛和劳动竞赛活动启动仪式动员大会。

③采用安全承诺书、宣传橱窗、黑板报、宣传标语、建立通讯员队伍、制作影像资料、微信群及门户网站推送

竞赛信息等形式拓宽宣传渠道,增强宣传效果。

④召开安全报告会、座谈讨论会、讲评会,进行安全生产教育。

⑤开办"安康杯"竞赛活动网页专栏,搭建学习交流平台,促进竞赛活动信息化建设。

5. 组织实施

(1) 建立组织领导机构,健全保障与考核机制

依据上级文件精神和本单位的具体工作部署,首先应成立"安康杯"竞赛小组,从组织、人员、财力、物力上给予落实,这是开展"安康杯"竞赛的基础保障工作,必须做好。

企业负责人为安全思想教育第一责任人,负责常规的安全思想教育。由工会干部和各级安全员组成安全宣传网络,介绍全国各地的好做法,为竞赛活动顺利开展提供良好的宣传保障。

同时,为确保竞赛活动有序开展,企业每年都需要制订工作计划,并采取自上而下检查考评相结合的模式,做到竞赛活动与安全工作一同布置、与阶段性中心工作同步检查、与安全生产形势同时分析、与生产安全同标准考核和总结,形成较为完善的考核检查机制。

(2) 开展安全检查

安全检查主要是查思想、查管理、查制度、查安全设施、查隐患、查事故处理。安全检查要深入车间、区队、班组,检查生产过程中的劳动条件、生产设备以及相应的安全卫生设施和工人的操作行为,是否符合安全生产要求。安全检查

的主要形式有定期检查、突击检查、连续检查、特殊检查。

（3）组织安全培训

开展安全培训活动，也是搞好"安康杯"竞赛的一项重要内容。因此，各级领导人员必须高度重视这项工作，把它作为强化安全管理的一项重要内容，抓紧、抓实、抓好。对企业职工进行安全培训教育主要是对企业中的管理人员和生产岗位职工两类人员进行安全生产知识的教育，包括新职工入厂的安全培训、变换工种培训教育、厂级领导人员安全培训、中层管理人员培训教育、班组（工段）长安全培训、特种作业人员安全培训、复工安全培训、全员安全培训。

（4）实施安全教育

安全教育的内容主要包括：主人翁责任感教育、安全生产方针教育、安全法规教育、典型经验和事故案件教育、安全技术知识教育等。安全教育宜采用职工感兴趣的、喜闻乐见的方法，寓教育于活动之中，使安全教育真正深入人心，取得好效果。从安全教育的实践看，比较有成效的形式有：岗位教育、班前班后会教育、竞赛活动教育、事故分析教育、安全活动日教育、政治思想教育等。

在教育方法上，一是进行家访。通过家访，可以了解职工的生活状况、居住环境，摸清职工的思想脉搏，有的放矢地进行思想教育和解决实际困难，消除职工的后顾之忧。二是开展谈心活动。针对本区队、班组的职工在安全生产上存在的思想问题，进行交心式的教育。提高思想认识，增强职工遵章守纪的自觉性。三是与职工家属签订安全保证合同，一同做好安全生产工作。四是针对在不同情况下，职工出现的有规律的思想苗头及时做好思想工作。

6. 总结表彰与品牌树立

"安康杯"竞赛组委会办公室要及时总结、宣传推广"安康杯"竞赛单位的先进经验。经"安康杯"竞赛组委会考核，对每一年度"安康杯"竞赛活动中表现突出的先进集体和个人进行通报表彰。连续五年以上荣获"安康杯"竞赛优胜单位的可以申报全国五一劳动奖状。

应树立"安全品牌是企业品牌最重要的组成部分"的战略经营意识。实践证明，安全搞不好，企业方方面面的工作都不会好，甚至会影响企业的生存。掌握安全文化是企业品牌文化的精髓所在。众所周知，企业的竞争是核心竞争力与综合实力的竞争，而企业的健康发展离不开安全管理。安全也是生产力。不能把"安康杯"仅仅看成是一种安全竞赛活动，在激烈的企业竞争现实面前，在企业转型升级和高质量发展中，具有远见的企业家已经把安全生产作为各项工作的基础和前提，把"安康杯"作为检验自身安全成效的"试金石"，像经营品牌一样经营"安康杯"。

注意事项

1. 围绕新时代职工安全健康需求深化"安康杯"竞赛

（1）开展群众性安全生产活动

组织职工广泛开展隐患排查治理、安全生产合理化建议、安全管理优秀成果展示、安全知识普及和安全技能培训等活动，切实提高职工的安全意识和技能水平；强化班组安全建设，推进班组安全管理标准化、规范化和科学化，不断夯实安全生产的群众基础。

（2）发挥工会劳动保护监督检查作用

加强工会劳动保护监督检查员和特聘煤矿群众监督员队伍建设，提升"两员"的专业素质和工作水平，按照工作要求履职尽责，配合政府有关部门加强对职业病防治工作的监督管理，切实保障职工生命安全与健康权益。

（3）加强安全宣传和企业安全文化建设

加大国家相关法律法规和政策文件的宣传力度，做好职工劳动安全卫生知识的普及工作；结合全国"安全生产月"，有针对性地开展宣传培训、操作演练、亲情教育、警示教育等安全文化活动，把先进的安全生产理念、科学的安全管理方法、实用的安全操作技能送到企业，逐步形成上下齐心、知行合一的安全文化。

2. 把握"安康杯"的作用和重点

（1）充分认识"安康杯"竞赛活动的地位和作用

做好安全生产工作的关键是"安全第一、预防为主"，防与治结合，把预防工作放在首位；解决管理人员和职工的安全意识不到位，安全生产知识的培训不到位的问题；始终围绕着安全生产知识的培训教育，围绕提高企业的安全生产管理水平和意识，围绕提高广大职工的安全生产知识和自我保护能力来进行。

(2)及时调整"安康杯"竞赛活动重点

应针对当前安全生产工作中出现的突出和难点问题,及时调整"安康杯"竞赛活动重点,把煤矿、化工、建筑等事故高发行业、农民工聚集企业及有毒有害等危害严重的企业作为"安康杯"竞赛活动的重点开展对象,采取各种激励方式和手段吸引这些行业与企业参加到活动中来,从中选树安全先进典型,以点带面,全面推进安全生产工作。

(3)扩大"安康杯"竞赛品牌效应

应充分发挥"安康杯"竞赛载体的作用,创新活动形式,把职工培训教育、创建安全合格班组、企业安全文化建设等活动逐步纳入"安康杯"竞赛活动中去,使"安康杯"竞赛活动的内容更加丰富、充实,更具有活力和号召力。在认真总结活动经验的基础上,开展各种形式的安全文化活动,充实竞赛内容。

3. 加强"安康杯"活动的组织领导

(1)加强沟通协调,取得支持

"安康杯"竞赛是一项系统工程,需要通力合作、突出重点、多方参与、齐抓共管才能奏效。相关单位与部门要建立健全工作机制和制度,形成工作合力,参赛企业内部也要党、政、工、团齐抓共管。

(2)加强"安康杯"竞赛活动的宣传与交流

重视应用现代信息化手段,发挥互联网的作用,不断加强横向及纵向间的信息沟通、传递"安康杯"竞赛活动信息,快捷地指导"安康杯"竞赛工作。应加强宣传报道工作的力度,通过各种媒介宣传"安康杯"竞赛活动的好经验、好做法。

（3）加强对"安康杯"竞赛活动的引导

工会组织要转变作风，深入实际，经常组织人员到企业了解"安康杯"竞赛活动开展的情况，帮助企业解决在开展活动中遇到的问题。加大区域间、行业间、产业间的竞赛活动的自查、互查和抽查力度，适时地开展相互间的学习、考察和交流。

范例

××公司"安康杯"竞赛活动实施方案

根据省总工会等部门《关于深入开展"安康杯"竞赛活动的通知》精神，为进一步推动我公司"安康杯"竞赛活动的深入开展，促进企业不断提高安全生产管理水平，增强广大职工自我保护意识，有效地预防各类重大、特大事故的发生，降低伤亡事故的发生率和职业危害的发病率。公司决定参加我省开展的"安康杯"竞赛活动。

一、竞赛总体要求和目标

1. 总体要求

贯彻"安全第一，预防为主"的方针，广泛开展以"掌握安全生产知识，争做遵章守纪职工"为主题的安全生产知识普及、应用学习活动；认真学习贯彻落实《劳动法》《工会法》《安全生产法》《职业病防治法》。结合公司实际，进一步深入开展以"十个一"为主要内容的安全生产活动，应用各种宣传教育形式，有计划地举办教育培训、安全生产知识竞赛、征文评选、演讲和经验交流等活动,把职工学习安全生产知识与生产实践结合,与实施职工素质工程结合,增强职工的安全生产意识,提高职工防范各类伤害事故的能力,促进公司安全生产,保障广大员工的身体健康和生命安全。

2. 总体目标

努力实现"两个提高、三个加强"的目标,即:提高企业管理者安全技术和管理水平,提高企业员工安全生产知识水平和自我保护意识;加强企业安全管理,加强工会群众监督,加强安全生产知识培训。力争×××年伤亡事故继续下降,重大、特大事故得到避免,争创××省"安康杯"先进单位。

二、竞赛内容

1. 竞赛主题:强意识,查隐患,促发展,保安康。

2. 参赛对象:公司各部门、车间、工段、班组。

3. 竞赛重点:安全生产、消防和劳动保护。

4. 考核标准:按"安康杯"竞赛企业考核标准实施。

三、建立机构,加强领导

公司成立"安康杯"竞赛组织领导小组,负责公司竞赛的组织领导工作。领导小组成员如下:

组长:×××

副组长:×××

成员:×××　×××　×××

竞赛小组办公室设在行政部,×××同志任办公室主任,具体负责竞赛的组织部署、检查监督、考核评选、总结推荐工作。各车间、工段也要相应成立竞赛的领导小组,在公司领导小组的统一领导下,各方面协调配合,精心组织,真正做到认识到位、责任到位、领导到位、措施到位,促进"安康杯"活动的深入开展。

四、实施步骤

1. ××月底以前,成立机构,对"安康杯"竞赛活动及"安全生产月"和"反三违月"活动进行宣传、动员和部署,使广大员工明确"安康杯"竞赛的目的意义、主题目标、竞赛内容和考核标准,积极投身到活动中去。

2. ××月,各车间、工段要通过各种形式全面启动"安康杯"竞赛活动,并要以开展"安全生产月"和"反三违月"活动为契机,把竞赛活动推向高潮。

3. ××月,公司组织全员进行《安全生产法》《职业病防治法》知识测试。

4. ××月,组织"安康杯"竞赛活动经验交流,对"安康杯"竞赛的先进做法和经验进行宣传和推广。

5. ××月至××月,公司成立检查组对各车间、工段开展"安康杯"竞赛活动情况进行检查、考核、评比,各车间、工段要事先做好自查和总结工作。

6. ××月,在认真检查、评比、考核的基础上,对年度竞赛中涌现出的先进单位授予"安康杯"竞赛先进车间(工段)称号,并给予适当奖励。

五、要求

各车间、工段要及时按照公司的总体要求,结合实际,具体规划,科学安排,抓好落实。要在积极参加公司组织的系列活动的同时,努力开展各具特色的竞赛活动。

各车间、工段要通过竞赛活动进一步落实安全生产责任制,加大对日常安全生产监督管理力度,对违反安全生产的行为要严肃制止,对危及安全的重大隐患要限期整改,对事故的查处工作坚决做到"四不放过",同时要建立健全"安康杯"竞赛活动的各类记录、台账和资料,并每阶段向公司竞赛领导小组上报开展竞赛活动的情况,确保"安康杯"竞赛活动健康发展。

××公司　××公司工会

××××年××月××日

××市"安康杯"竞赛参赛企事业报名登记表

××××年度

单位名称			
单位地址		邮政编码	
法人代表		工会主席	
联系人姓名		联系电话	
企业职工人数		参赛职工人数	
企业班组总数		参赛班组数	
所属行业 (选择打勾)	煤矿　建筑　建材　石油　化工　交通　运输 机械　冶金　纺织　船舶　轻工　军工　邮电 财贸　商业　电子　铁路　民航　农林　电力 水利　医药　非煤矿山　其他		
企业竞赛 领导小组	组　　长(职务): 副组长(职务): 成　　员(职务):		
竞赛实施方案			

××市"安康杯"竞赛参赛企事业明细表

县(市)、区、产业、集团公司名称：　　　　　　　　　××××年度

序号	单位名称	单位地址	邮编	所属行业	职工人数	参赛人数	班组总数	参赛班组数	联系人	电话

××市"安康杯"竞赛参赛企事业报名汇总表

县(市)、区、产业、集团公司名称：　　　　　　　　　××××年度

产业名称	所有企事业		国有企业		非国有企业	
	总数	职工数	总数	职工数	总数	职工数
煤矿						
建筑						
建材						
石油						
化工						
交通						
运输						

续表

产业名称	所有企事业		国有企业		非国有企业	
	总数	职工数	总数	职工数	总数	职工数
机械						
冶金						
纺织						
船舶						
轻工						
军工						
邮电						
财贸						
商业						
电子						
铁路						
民航						
农林						
电力						
水利						
医药						
非煤矿山						
其他						
合计						

××市"安康杯"竞赛考核标准

考核项目	考 核 内 容	考评分	评定分
组织领导（9分）	1. 竞赛组织机构健全（2分），一把手任竞赛领导小组主任（1分）。	3	
	2. 竞赛活动有计划、部署、方案、组织、检查、评比、表彰、奖励。	3	
	3. 班组参赛率达到40%（1分）、达到70%（2分）、达到100%（3分）。	3	
安全管理（22分）	1. 安全管理机构健全，有专职、兼职安全人员并形成网络。	2	
	2. 将安全卫生工作纳入企业目标考核。	2	
	3. 安全卫生规章制度健全，并严格执行。	1	
	4. 工作现场符合国家规定的劳动安全卫生标准。	2	
	5. 新建、改建、扩建工程项目严格执行国家"三同时"的规定。	1	
	6. 开展经常性的安全卫生检查，对检查出的事故隐患分级负责整改。	2	
	7. 把劳动安全卫生等条款列入平等协商、签订集体合同的重要内容并严格执行（属高危行业的需签订劳动安全卫生专项集体合同）。	3	
	8. 安全生产教育有计划、有具体实施方案。	2	

续表

考核项目	考 核 内 容	考评分	评定分
安全管理（22分）	9. 定期、不定期地对各级干部和广大职工群众进行安全教育、培训。	2	
	10. 个人劳动防护用品符合标准，配备齐全，并按规定严格检查。	2	
	11. 各种机械设备安全装置齐全有效，设备完好率100%。	1	
	12. 消防设备与器材齐全，有专人负责，并按规定严格检查和保养。	1	
	13. 作业场所空气中尘、毒控制在国家准许范围内，努力改善作业环境。认真做好夏季防暑降温工作，没有发生中暑情况。	1	
安全生产月（10分）	积极参加年度全国"安全生产月"活动，深化"三项行动"和"三项建设"，积极探索实施群众安康工程。	10	
积极参加各项活动（13分）	1. 积极组织开展"十个一"活动。	3	
	2. 积极开展劳动保护"合格、示范工会"创建活动，达到合格工会以上标准。	2	
	3. 积极开展职工安全生产知识普及教育培训活动，参加培训职工达80%以上。	3	
	4. 积极参加"安全在我心中"、"安全合格班组创建"、事故隐患排查治理技能竞赛等活动。	3	
	5. 积极参加全国督导师、督导员培训。	2	

续表

考核项目	考 核 内 容	考评分	评定分
群众监督（16分）	1. 认真贯彻劳动保护监督检查"三个条例"，健全工会劳动保护监督检查网络，加强工会劳动保护监督检查员和工会小组劳动保护检查员的考核与管理。	3	
	2. 发动广大职工群众，开展行之有效的群众性劳动保护监督检查，及时发现隐患，报告险情，督促整改。	3	
	3. 加强班组安全建设，重视班组现场管理。	2	
	4. 重视职业病防治工作，积极推广应用《工会主动参加与职业病防治工作模式》。	2	
	5. 推行事故隐患和职业危害监控法、"1+3"安全监控工作体系等先进安全生产工作方法的实际应用，推广"职工安全生产权利义务卡"。	2	
	6. 配合公安、消防及交管部门做好职工的消防及交通安全教育和管理。	2	
	7. 重视女职工劳动保护。	2	
事故控制（30分）	1. 年度各项伤亡事故及职业危害指标低于国家控制指标或低于相应行业制定的控制指标（煤炭行业），其他行业无死亡事故发生。	20	
	2. 未发生较大及以上消防事故。	5	
	3. 未发生较大及以上交通事故。	5	
合计		100	

"安康杯"竞赛优秀班组推荐表

班组名称	
单位名称（盖章）	
单位地址	
邮政编码		企业性质	
联系人姓名		联系电话	
安全生产情况	
工作特色	
推荐理由	

区县局（产业）工会（盖章）　　　　　　　　　　年　月　日

"安康杯"竞赛先进个人推荐表

姓　名		性　别	
出生年月		职　务	
单位名称（盖章）	
单位地址	
邮政编码		企业性质	
联系人姓名		联系电话	
简要事迹	
推荐理由	

区县局（产业）工会（盖章）　　　　　　　　　　年　月　日

车间、班组竞赛流程

图示

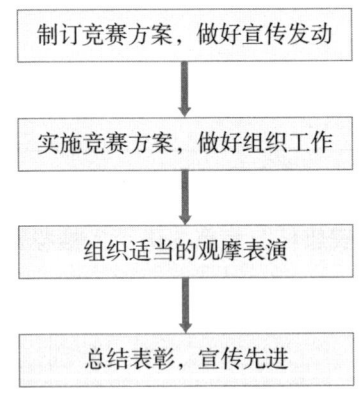

1. 制订竞赛方案,做好宣传发动

一般情况下,车间、班组的劳动竞赛主要是执行上级的竞赛规划或者方案(自行组织的劳动竞赛除外),在进一步细化上级方案的基础上加以实施。在竞赛项目或者主题的选择、方案的设计、时间的安排与规划上,应尽可能地让大家都能够参与,在广泛的参与中相互启迪并提升技术

水平，增进团结，营造和谐氛围，激发职工的潜能，促进车间、班组及企业的发展。

2. 实施竞赛方案，做好组织工作

实施竞赛方案，严密精细地做好各项具体组织工作，进一步细化有关的方案与实施措施，在工作内容与流程的设计上应考虑得更周全一些、具体一些，操作性更强一些，以便使组织者与广大参赛人员在实际工作中有所遵循，增强活动的效果。

3. 组织适当的观摩表演

要紧紧围绕企业工作中心任务、结合车间班组的实际，有的放矢地开展劳动竞赛活动，不能图形式、走过场，单纯为竞赛而竞赛，为完成任务而敷衍应付。在竞赛的过程中，应组织适当的观摩表演，把竞赛的过程变成员工整体素质培训提高的过程，变成学习进步的过程，形成互相切磋、共同提高的良好氛围。

4. 总结表彰，宣传先进

对竞赛涌现出的先进班组或个人给予适当的物质奖励和荣誉表彰，宣传先进经验，查找解决存在的问题。劳动竞赛前期的宣传舆论工作，竞赛事项的安排部署、工作通知，后期的经验推广工作，都可以通过建立QQ群、微信朋友圈等形式，广为宣传并不断扩大影响，提高工作效率，提升竞赛水平。

注意事项

1. 加强竞赛管理

分工会要对劳动竞赛进行组织管理，要主动密切配合、积极协调沟通，认真落实劳动保护和安全生产监督职能，重点抓好新入职青年员工的安全意识和技能提升工作，加强对劳动竞赛的监督检查。通过专项劳动竞赛重点提升各车间、班组的安全作业水平、现场管理水平、岗位操作水平以及关键设备、危险品、消防、运输等环节的生产运行水平。对竞赛活动要进行阶段性总结，并搞好资料的积累，定期公开活动开展情况。突出一票否决，确保竞赛工作质量。对出现不安全苗头和违章违纪事故的单位，在各类竞赛先进的评选上，应视情况给予降级或扣分处理。

2. 加强考核监督

要把劳动竞赛纳入安全生产标准化建设和班组建设的整体格局，与班组建设管理和薪酬分配挂钩。要在青年员工和党员中培养一批安全生产监督人员，坚持开展职工代表安全巡视工作。班组开展劳动竞赛的活动情况和各级开展的自评、互评、抽评工作要建立相应记录台账，建立健全劳动竞赛相关资料，使活动具备可追溯性，作为年终班组建设和标准化优秀班组评比的主要依据。在活动中加强过程管控，通过动态管理与走动管理将对班组的检查和指导放到日常工作中，坚持做到班组每周自评，车间半月互评，单位月度抽评。

3. 积极选树典型

应适时推广开展劳动竞赛的成功经验和做法，为全体职工、优秀工匠、基层班组之间相互交流学习搭建平台。要主动挖掘、积极总结先进职工、优秀工匠、基层班组和班组长的先进技术、先进作业法等先进工作经验，鼓励用先进典型个人命名优秀班组。要充分利用各类媒体渠道加强宣传报道，将先进职工、优秀班组打造成岗位达标的对标典型，以推动竞赛的深入持久发展。

范例

××车间劳动竞赛活动方案

为充分调动车间工人的积极性和创造性，体现职工的主人翁作用，促进车间各项生产经营目标的完成，增强产品的市场竞争力，打好产品质量牌，围绕年度工厂方针开展以提升质量、降低成本为中心的各种活动，车间分工会以厂工会下发的《××××年度劳动竞赛活动方案》为依据，特制订车间的劳动竞赛方案。

一、竞赛范围

车间所有合同制职工、连续工作满一年的临聘人员。

二、竞赛时间

1. 每季度为一个评比时间段，每半年由厂工会进行表彰。

2. 短期"命题"竞赛由公司工会统一安排，临时性竞赛由分工会自行组织。

三、评比方案

1. 立功个人

（1）能按要求完成车间的各种生产安排，所在班组的工时应超额完成，各种指标都要控制在厂要求的范围内。能够提高产品质量，提高工作效率，确保生产出优质产品。能够积极参加车间的各种活动，并且个人的工作在相同的岗位中表现突出。

（2）在保证产品质量、改进工艺、改进工装、节约物料、优质服务、开动脑筋、节约挖潜等"两改善"方面表现突出。

（3）在各项技能培训、竞赛活动中成绩突出。

（4）在××××年质量年中能完全执行各种文件、规定，或者能提出合理化建议被车间或厂采纳。

（5）否决项。只要发生以下其中一项即取消评比资格：批量产品质量事故、安全事故、人为的设备事故、违反厂内的规章制度或综合治理的规定被通报。

2. 立功集体

（1）能按要求完成车间的各种生产安排，超额完成工时，并且工时完成情况在车间各工序排在前列的班组。各种指标都能按要求完成。

（2）班组中没有发生批量产品质量事故、人身及设备事故，没有组员（包括临时工）违反综合治理的有关规定。

四、评比程序

1. 班组推荐（附简要材料）。

2. 评审委员会确定候选人。

3. 职工评比。

4. 车间行政领导与党支部研究审批。

5. 向公司工会汇报。

××车间"创先争优，多做贡献"竞赛活动方案

为提高车间内职工的劳动积极性，响应厂里开展的"创先争优，多做贡献"劳动竞赛活动，特制订本方案。

一、竞赛目的

本次劳动竞赛以班组为单位，结合九月、十月车间生产任务，在保障安全的前提下，力争完成全年各项经济指标。

二、竞赛时间

竞赛活动为期两个月（8月25日至10月24日）。对竞赛中涌现出贡献大的班组及个人将给予表彰与奖励。

三、竞赛内容

比贡献，比安全，比质量，比管理，比创新。

四、具体要求

1. 广泛宣传劳动竞赛活动的目的、意义、内容，以"工人先锋号"等荣誉奖励为载体，以"创先争优，多做贡献"为主题，在车间内营造出一个良好的竞赛氛围。

2. 各班组要充分发挥职工的积极性，人人树立安全意识，不违章作业，不发生任何人身、机械事故。如出现以上事故，取消班组及个人的评比资格。

3. 对各班组的产品进行全过程跟踪，及时进行过程检验，以车间质检验收为依据，出现次品或废品等质量问题的，根据其情况，取消班组及个人的评比资格。

4. 各班组要充分调动职工的积极性，在确保完成当月生产任务的同时，节能减排，厉行节约，减少浪费，努力

降低生产成本。

5. 竞赛活动结束后，班组要上报评比材料，车间主任根据其表现和材料向厂里推荐。

6. 车间要充分调动职工的积极性，在各班组之间形成良性竞争，相互扶持，努力使车间工作不断进步。

"五型"班组劳动竞赛考核细则

考核项目	考核内容	评分标准	考核人员	分值	考评得分
学习型班组（20分）	1. 班组学习培训组织、制度健全，考核与奖罚制度规范，班组能够定期开展岗位应知应会知识和安全技术及政策法律法规的学习交流、读书活动，学习氛围浓厚，学习活动有计划、有内容、有详细记录、有检查考核。	班组学习培训组织、制度不健全，考核与奖罚制度不规范扣2分；班组没有定期开展岗位应知应会知识和安全技术及政策法律法规的学习交流、读书活动扣2分；学习活动无计划、无内容、无详细记录、无检查考核扣2分。		6	
	2. 班组长积极参加各类培训。	班组长不积极参加各类培训扣2分。		2	
	3. 班组开展导师带徒、岗位练兵活动有计划、有组织、有效果，达到应知应会和岗位描述、手指口述要求。	班组开展导师带徒、岗位练兵活动无计划、无组织、无效果扣3分；应知应会和岗位描述、手指口述达不到标准要求扣2分；"两述"现场不执行每次扣3分。		6	

续表

考核项目	考核内容	评分标准	考核人员	分值	考评得分
学习型班组（20分）	4. 班组成员参加培训率和培训合格率达到100%，人人有学习记录。	班组成员参加培训率和培训合格率达不到100%扣1.5分；没有学习培训记录扣1.5分。		3	
	5. 班组管理记录、台账等基础资料档案齐全完整。	班组管理记录、台账等基础资料档案不全、不完整扣3分。		3	
安全型班组（34分）	1. 班组安全生产管理制度健全，员工持证上岗率达到100%。	班组安全生产管理制度不健全扣2分；员工持证上岗率达不到100%扣2分。		4	
	2. 班组成员都能够熟知本岗位（工种）生产工艺流程，熟悉掌握岗位操作技能，严格执行作业程序，做到岗位标准化操作。	班组成员不熟悉本岗位（工种）生产工艺流程和岗位操作技能扣3分；不严格执行作业程序，不按岗位标准化操作扣5分。		8	
	3. 班组成员安全意识强，能自觉执行各项安全管理规定，正确使用劳动防护用品，切实落实各项安全生产措施。	班组成员没有执行各项安全管理规定扣3分；不正确使用劳动保护用品扣1分。		4	

续表

考核项目	考核内容	评分标准	考核人员	分值	考评得分
安全型班组（34分）	4. 实现"五达标"，即：现场制度（图标及岗位操作规程）达标、环境安全达标、设备完好达标、操作程序达标、工程质量达标。	"五达标"少一项扣2分。		10	
	5. 能够积极开展隐患排查与治理活动，隐患整改率达到100％。	不积极开展隐患排查与治理活动扣2分；隐患整改率达不到100％扣3分。		5	
	6. 班组无"三违"现象，无人身事故及二级以上非伤亡事故。	班组出现一次"三违"现象扣3分；轻伤事故及二级以上非伤亡事故取消评比资格。		3	
创新型班组（23分）	1. 班组能够推广应用各种新工艺、新方法、新技术。	班组没有推广应用各种新工艺、新方法、新技术扣3分。		6	
	2. 围绕设备、工艺、流程运行等方面存在的缺陷和问题，开展技术革新、技术协作活动。	未开展技术革新、技术协作活动扣6分，效果不明显扣3分。		6	
	3. 围绕安全生产、现场管理、标准化作业等积极组织开展合理化建议、"五小"竞赛等活动，活动有总结、有成果。	未开展合理化建议扣3分；没有组织"五小"竞赛等活动扣3分；活动没有总结、没有成果扣2分。		8	

续表

考核项目	考核内容	评分标准	考核人员	分值	考评得分
创新型班组（23分）	4. 班组管理制度化、现场管理规范化、管理目标数据化等"精细化"管理方面有创新。	"精细化"管理方面没有创新扣3分。		3	
效益型班组（11分）	1. 班组有《成本核算方案》。	班组没有《成本核算方案》扣2分。		2	
	2. 当班安全、质量、产量、进尺、各种材料消耗等与职工当班收入挂钩，做到班清班结。	一项未达到要求扣1分。		3	
	3. 加强班组核算管理，开展班组经济活动分析，坚持节约降耗、修旧利废、增收节支。	未达到要求扣3分。		3	
	4. 保质保量完成任务。	未完成工作任务扣3分。		3	
和谐型班组（12分）	1. 班组长要发挥好班组生产经营安全活动的指挥者、企业基层组织管理者和完成各项生产经济技术指标带头者的作用。	达不到要求扣2分。		2	
	2. 班组成员之间关系融洽、团结协作，团队凝聚力强、班组之间协作关系和谐。	班组成员之间关系不融洽、团队凝聚力不强扣1分；班组之间协作关系不和谐扣1分。		2	

续表

考核项目	考核内容	评分标准	考核人员	分值	考评得分
和谐型班组（12分）	3. 实现文明清洁生产，促进班组与环境协调。	没有做到文明生产扣2分。		2	
	4. 落实班务公开民主管理制度，讨论决定班组重要事项和分配制度，实现公平、公开、公正。	班务公开未落实扣1分；分配不公平、不公正、不公开扣1分。		2	
	5. 班组成员自觉遵守职业道德规范，无违法违纪行为。	班组成员不遵守职业道德规范，出现违法违纪行为扣2分。		2	
	6. 积极组织并参与公司及上级组织的各项文化活动。	不参与公司及上级组织的各项文化活动扣2分。		2	
合计				100	

第三部分
技能型竞赛流程图示与范例

岗位练兵流程

图示

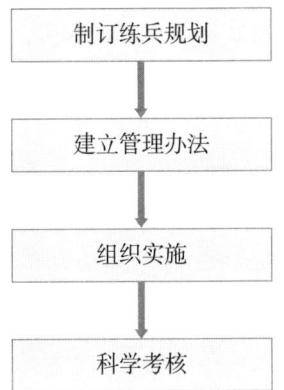

图示解说

1. 制订练兵规划

岗位练兵是职工在日常生产实践中不断提高技能水平的一种方法。岗位练兵以练基本功为主，即练习实际操作的基本动作、基本技能和基本理论。岗位练兵要求按照技术等级标准中"应知""应会"的要求，严格训练、认真考核、开展评比、组织验收。开展岗位练兵要从实际出发，制订出符合实际、切实可行的练兵规划，形成有效的运行机制，并按照年度职工岗位练兵计划和考核标准认真实施。

2. 建立管理办法

岗位练兵的特点是把生产和训练密切结合起来，通过生产提高技能，通过练兵促进生产。岗位练兵建立相应的竞争机制和管理办法，大力弘扬和倡导精益求精、一丝不苟的工匠精神，营造崇尚技能、依靠技能的良好氛围，为岗位练兵的深化和发展提供可靠的保障。

3. 组织实施

岗位练兵要突出全员性，以专业比武为契机，带动企业岗位练兵的开展。企业每年都要有重点地组织部分有代表性的工种的岗位练兵，以起到推动、示范作用。从企业到车间，从车间到工段（班组），都要把学习技术、掌握技能渗透到各个岗位和每一个职工。

要强化岗位练兵的科学性。在岗位练兵的过程中，要不断总结经验，探索新的思路，寻找新的载体，使岗位练兵日趋完善，走上科学化、规范化的道路。建立和完善"练兵试题库"，在原有技能的基础上，加大新技术、新技能的含量，在对职工技能全面摸底的情况下，随时调整新旧知识的比例，变换练兵的形式，循序渐进，使练兵活动呈现出阶梯形发展的趋势，切实成为职工提高技能素质的桥梁。

4. 科学考核

要建立职工练兵考核的档案数据库，把职工不同时期、不同阶段的考核结果进行汇总分析，作为职工竞争上岗、评先创优、调资、提拔、晋级和职称评定的依据，以调动职工岗位练兵的积极性。

注意事项

1. 围绕中心

岗位练兵、技术比武等技能型竞赛，要紧紧围绕人才强国战略和新时期产业工人队伍建设改革进行。在这方面，应注重以下三个方面：

（1）要开展岗位练兵、师傅带学徒等活动

坚持工作和培训相结合，组织职工立足岗位开展经常性、普遍性练兵活动，强化基本功训练，掌握岗位技能，通过工作提高技术，通过练兵促进工作。广泛开展师傅带学徒活动，积极协助政府和企业推广现代学徒制与企业新型学徒制，总结推广选树技能带头人（工匠人才、金牌工人、首席技师、首席员工等）活动经验，鼓励劳模和工匠人才进行"传帮带"，培养大批高技能人才。

（2）促进职工职业技能竞赛向纵深发展

推动建立以企业岗位练兵和技术比武为基础、以国家和行业竞赛为主体、国内竞赛与世界技能大赛等国际竞赛相衔接的职业技能竞赛体系；根据国家战略性发展需要，重点从国家支柱性产业、战略性新兴产业、现代服务业等产业中选择就业人数多、技术含量高的工种进行比赛；强化技能竞赛的培训功能，重视赛前练兵、赛后交流，让竞赛成为职工展示才能、交流技艺的平台和提升技能水平的绿色通道。

（3）要加强职工技能培训和交流

推动企业制订职工培养计划，健全职工培训制度，监督企业足额提取职工教育经费，并将经费的60%以上用于一线职工的培训；依托工会院校、企业培训中心和社会培训机构等，推进职工技能实训基地建设，提升职业技能培训基础能力；开展职工技能交流活动，总结推广先进操作法，促进职工之间相互学习、共同提高。

2. 选择合适的岗位练兵形式

在实践中，广大职工创造了许多行之有效的岗位练兵活动形式。我们在开展岗位练兵活动中，要针对本单位实际，选择合适的方式。

（1）滚动练兵

每班三题，即当班人批改上一班的答题，给下一个班出题，并答出上一班所出的题目。这种形式，应紧跟生产、改扩建和技术进步形势，不断扩展练兵内容，包含设备、仪器、仪表、新工艺流程、安全等方面的内容。

（2）点将台

把练兵重点放在解决设备、技术和事故等综合性较强或有较高难度的问题上，以此作为提高职工技术、业务素质和解决生产运行难点问题的切入点。这种形式对指导一线职工的具体操作、维护生产稳定有很好的效果。

（3）"多对一"现场技术练兵

针对各个岗位不同的特点，提出若干练兵题目，下发到班组，然后再由车间副主任、各组组长、工艺设备员、安全员等多人组成的现场练兵小组，利用白班和副班时间，对岗位的每个操作人员进行现场考试并现场指导，从而迅速提高职工对现场问题的处理能力。

（4）评选技能带头人

选树的技能带头人不仅要精通本岗位的操作技能、对突发事故处理自如，而且手中要有别人"玩不转"的"绝活"。评选分为技术比赛成绩、日常工作训练、现场操作能力、事故处理水平、技术创新等方面。评选过程由职工全员、全过程、全方位参与，透明度高。对评选出的技能带头人，要召开表彰会，颁发荣誉证书，或用他们的名字命名其创造的操作方法。为促进职工技能水平不断提高，有些企业每年评选一次技能带头人，还设立了技能带头人津贴。

（5）网上练兵

近年来，随着互联网的飞速发展，上网已成为职工每日必需的"食粮"，网络与学习的"混搭"不仅避免了传统学习方式的乏味、低效和与实践的脱节，而且大大提升了学习兴趣，引导了广大职工充分利用业余时间提升职业技能、提高技术水平。由于传统的培训和业余学习方式受时间、地点、场地、师资等条件的限制，广泛性和实时性得不到充分体现，职工参与自主学习的兴趣和效果缺乏有效监督和验证。将职工素质提升与网络有机结合，建立职工网上练兵系统，把职工学习的途径拓宽到互联网，使广大职工能够更加方便快捷地学习业务知识。通过网上学习、练兵、比武、创新、攻关等竞赛活动，使职工在工作之余随时学习，随时检验自己的学习效果，推动职工岗位技能水平和综合素质持续提升。

网上练兵主要包括网上闯关答题和实践模拟仿真两个环节，是企业利用互联网、3D动画、AI等技术，将各工种、专业的理论知识和实践操作移植到网络上，实现在线理论学习和实操训练，从而不断提升职工业务技能素质。网上练兵系统具有先进性、趣味性、便利性、竞技性、开放性、实用性等特点，除满足职工日常学习需要外，可实现技术比武、技能鉴定等网络化运作。

3. 强化观念

广泛开展新形势下的岗位练兵活动，没有正确的思想观念作引导不行。为此，要强化和坚持以下四个观念：

（1）任务牵引观念

把生产任务作为岗位练兵的根本要求，针对生产任务练兵，练好工作岗位最需要、最管用的技术。

（2）信息主导观念

突出抓好信息技术和相关知识的学习应用，坚持科学指导、科学组织、科学实施，积极创新训练方式方法，开发运用先进训练手段，不断提高训练层次和质量。

（3）培养尖子观念

着眼于整体提高，鼓励广大职工勇于超越自我，积极争先创优，形成行行出状元、层层有标兵的规模效应，带动整体工作质量的提高。

（4）紧贴岗位观念

岗位练兵是职工依托本职岗位学习知识、练习技能的实践活动，深化岗位练兵必须树立"紧贴岗位"的观念，增大训练难度和强度，突出练好岗位"硬功绝活"，使职工人人适应岗位、人人精通本职、人人胜任本职。

4. 把握特点

新形势下深化岗位练兵活动，必须加强研究，准确把握其新特点、新要求，研究探索新形势下岗位练兵的新方法、新对策。

（1）要注重岗位练兵的全面性

开展岗位练兵，不能仅局限于生产一线，行政、后勤等工作岗位都有练兵的任务与责任。因此，组织训练、检查考核应包括全领域、全员额，涉及各层次、各系统、各部门，要统一计划、统一组织、统一落实，避免搞"以点带面"的"一头热"练兵。

（2）要重视岗位练兵的规范性

必须坚持依法治训、按纲施训，始终保持正规的训练秩序，确保岗位练兵规范开展。要正规组训，科学施训，分步细训，防止简单化、走过场，确保训练"四落实"。严格规范考核内容，合理量化指标，依法实施考核，真实反映训练水平。

（3）要坚持岗位练兵的持续性

应处理好抓试点、出经验与普及成果、全面落实的关系，抓活动、促发展与持之以恒的关系，抓典型、树旗帜与防止急功近利、弄虚作假的关系，防止和克服阶段性的轰轰烈烈、"门面工程"，使岗位练兵活动开展得深入持久、扎实有效。

5. 完善机制

深入开展岗位练兵，推动竞赛又好又快发展，需要在完善政策制度、建立长效机制上下功夫、求突破。

（1）在组织领导机制上，要进一步完善党委统管、行政主抓、工会合力的制度措施，切实确保训练的中心工作不动摇，努力克服摆位不正、力度不大、落实不好等问题。

（2）在严训实练机制上，要不断强化打赢第一思想，切实加大严训实练力度，在严训上切实做到严标准、严组训、严考评，在实练上切实做到贴近实战、讲求实效，真正做到练真、练难、练严、练实。

（3）在奖惩激励机制上，要广泛开展竞赛，以比促训、以考促练，落实好训练奖惩有关规定，切实把训练实绩与单位评先和职工切身利益挂钩，真正形成"人人参与训练，个个奋勇争先"的良好局面。在训练保障机制上，要完善政策规定，凝聚人力、物力、财力向训练倾斜，积极挖掘潜力，提高效益，确保岗位练兵任务的圆满完成。

范例

××公司开展班组长技能竞赛网上大练兵活动

班组长是企业发展的"顶梁柱"，起着"兵头将尾"的关键作用。××环保集团有限公司以今年主办国家节能环保技能竞赛为契机,率先组织班组长开展网上闯关大练兵活动,集中发力提升职业素养,倾力打造更加过硬的班组长队伍。

利用网络赋能,锻造"育才"新引擎。集团公司着眼生态文明建设"4+1"产业新格局,注重创新培养班组长人才,着力运用"互联网+"技术,探索构建工会主导、班组主训、团队主赛的"三位一体"练兵新模式,推出竞赛+奖励+鉴定+晋级+荣誉的"1+4"激励新机制,营造线下深学精训、线上闯关争先的"1+1"强能新常态,推动技能提升融入岗位、融入班组、融入日常。秉持顶层设计理念,精心设置网上练兵竞赛课题挑战,巧妙嵌入闯关游戏,分赛季组训、办赛、开展网上颁奖,并利用工会微信公众号推送练兵竞赛的图解与问答,通过发布《班组长闯关练兵战报》提升参与率、覆盖面,不断增强网上练兵竞赛的趣味性和吸引力。目前,网上闯关竞赛已办到第4季,俨然成为班组长比武竞技的擂台、节能人点赞关注的盛会。

针对疫情求变,开启"网练"新模式。突如其来的疫情给技能竞赛造成了巨大冲击,也给练兵竞赛转型升级带来了新契机。集团领导提出要"培训不停步、竞赛不延期"。工会积极识变应变、因时制宜,创新开发出手机App闯关竞赛"练兵场",不仅成功化解了疫情的冲击和影响,而且打破了以往练兵竞赛的时间局限、地域局限、场地局限,实现了"手机在手、随练随比"。截至7月20日,集团500余家子公司、上万名职工踊跃上线参与,近2000名班组长注册

App，职工参与度、个人活跃度月月攀升，网上闯关竞赛已经成为广大班组长学知识、练技能、长本领的新时尚。

　　瞄准主业比拼，培育"硬核"新生代。针对班组长"兵头将尾"的特点，集团坚持以班组长为主体、以网上练兵为"主战场"，围绕加速班组长成长成才、出类拔萃，一体推进学技能、练技能、比技能、提素质。在"考点"上突出针对性，瞄准安全环保、五小创新、班组建设、生产经营、专业技能"5项核心能力"，指定理论考试、班前会、班后会、现场实操、文案写作5项"硬核指标"，精确引导班组长精准学、精准练。在"赛点"上增强对抗性，线上规划设置了8个关卡、数千道考题，关关比准度、赛速度，并实时发榜单、大排名，集团工会还按月发布"龙虎榜"，持续激发班组长争第一、当尖兵的"杀气"和"血性"。闯关竞赛开展以来，数千名班组长网上捉对厮杀，560人完成所有8个关卡闯关，初步具备集团公司基层管理尖兵素养，一大批班组长苗子、骨干在竞赛中茁壮成长、脱颖而出。

××公司岗位练兵和技术比武活动实施方案

　　为了进一步提高全公司职工的理论水平和专业岗位技能，激励员工比、学、赶、超，不断提高自身素质。按照公司统一部署，决定在全公司范围内开展岗位练兵和技术比武活动。为确保岗位练兵和技术比武活动的顺利开展，特制订本实施方案。

　　一、指导思想

　　以公司《××岗位练兵和技术比武管理办法》为指导，

坚持"缺什么、补什么、干什么、练什么、强项比强项"的原则，按照"全员参与、重在基层，立足岗位、切合实际，因岗施教、注重实效"的要求，通过个人自学、集中培训、专题研讨、经验交流等多种方式，大力抓好各部门、各工种、各岗位的学习和各项专业技能训练，从而进一步增强广大职工的适岗能力，实现"做标准事、干标准活"的总体目标，推动全公司各项工作再上新水平。

二、主要内容

根据公司《××岗位练兵和技术比武管理办法》的要求，一线操作人员为练兵比武重点对象，重点提高操作技能；管理人员重在更新知识、提高管理水平，内容包括岗位应知应会及相关专业知识。岗位练兵分为理论知识学习和操作技能训练，技术比武分为理论考试和操作比赛两种形式。

岗位练兵和技术比武的具体内容根据各科室制订的练兵方案确定。

三、组织领导

组长：×××

副组长：×××　×××

组员：×××　×××　×××　×××

四、实施步骤

(一) 安排部署

1. 制订方案。各科室结合本部门岗位实际情况，制订出本部门的具体练兵方案，明确内容、时间、规则、激励办法等，并于××××年××月××日前交综合科备案。

2. 思想动员。各部门要召开动员大会，进一步统一思想,提高认识,营造氛围,使广大职工充分认识到岗位练兵的重要性,进一步增强责任感和紧迫感,激发他们的自觉性和主动性,积极投身到岗位练兵和技术比武的活动中来。

(二) 组织实施

1. 时间间隔。××公司每半年举行一次岗位练兵和技术比武;科室每季度举行一次岗位练兵和技术比武;班组每月举行一次岗位练兵和技术比武。

2. 认真实施。岗位大练兵关键是练兵,重点在一线操作人员。各科室要根据各自专业岗位特点及练兵方案要求,认真抓好组织工作。岗位练兵和技术比武必须坚持常态化、规范化,增强针对性和实效性,有力推动员工技能水平稳步提升。

(三) 检查评比

根据全公司岗位练兵和技术比武开展情况,在组织岗位练兵活动检查验收的基础上,针对各部门岗位练兵的实际,对组织岗位练兵和技术比武积极主动、富有成效的给予重奖,对消极应付、收效甚微的给予重罚。

五、几点要求

(一) 提高认识,高度重视

各部门要组织所属全体职工,认真学习领会公司《××岗位练兵和技术比武管理办法》的有关精神,引导职工不断提高对开展岗位练兵活动重要意义的认识,明确岗位练兵活动的内容、目标和要求,落实层级负责制,不断增强职工参与的自觉性、积极性和主动性。

(二) 结合实际，突出重点

各部门在制订练兵方案和组织大练兵活动时，要结合实际，注重实效，突出重点，突出特色，大力抓好相关理论知识学习和各项专业技能训练，以确保练兵质量和效果。

(三) 搞好保障，措施到位

1. 建立大练兵工作运行机制。明确大练兵活动的内容、目标和要求，落实层级负责制，认真抓好组织落实，确保练兵比武取得实效。

2. 建立大练兵考核考评机制。各部门要制定严格、科学、公正的练兵考核、考评办法，激励先进，鞭策后进。

3. 及时申报所需物资，确保大练兵活动书籍、光盘等材料及时到位。

六、监督与奖惩

监察科对岗位练兵和技术比武活动进行监督，及时实施奖惩，推动本方案不折不扣的贯彻落实。

岗位练兵制度

1. 利用每天班前会、班后会，生产例会等时间，宣传岗位练兵和技术比武的目的及意义。引导单位员工立足岗位学技能，提升员工岗位技能操作水平，增强员工参加岗位练兵和技术比武的积极性和自觉性。

2. 本着"干什么、学什么、缺什么、补什么"的原则，有针对性地对员工采取理论与实际相结合的培训。按照培训有关规定，理论占总成绩的60%，实际操作占总成绩的40%，并对学习中成绩优秀的员工给予一定的物质奖励，对成绩表现差的员工进行处罚和重点培训，从而激励员工自我加压，形成比、学、赶、帮、超的良好氛围。

3. 各生产操作岗位设立岗位练兵台，根据岗位应知应会建立岗位练兵卡，其内容应齐全、正确，并且不断更新、完善和提高。

4. 经常开展岗位练兵活动，坚持每天学习练兵卡上的内容，交接班时抽卡问答，要求做到学习有记录。

5. 认真执行操作人员持证上岗制度，新工人上岗和换岗必须经过安全、技术考核，考核成绩不合格的，必须复审、重考，否则不得上岗。

6. 经常组织操作人员学习岗位操作规程和岗位操作法，进行专业技术教育，每季度开展一次专业技术教育讲座活动，并进行考试，车间要将考试成绩纳入对操作人员的考核。

7. 贯彻"严格训练、严格要求"的原则，从严、从难、从实际出发，开展帮教式岗位练兵。

技术比赛流程

图示

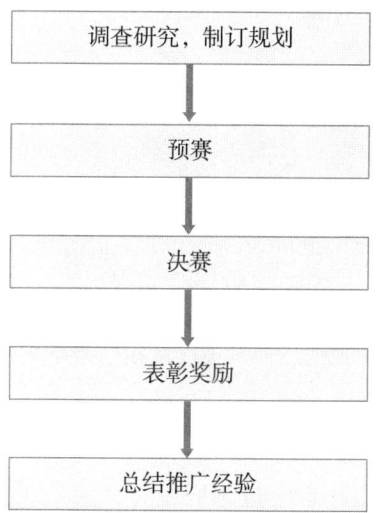

图示解说

1. 调查研究，制订规划

技术比赛前，要认真做好准备工作，做好"功课"。要采取领导和群众相结合的办法，全面深入地调查研究，找出生产技术和工作上存在的关键和薄弱环节，明确在技术比赛中主要解决的问题，然后定出规划，进行思想上、组织上和物质上的准备。

2. 预赛

预赛就是从小组、工段、车间到公司（或地区和整个行业），在层层比赛的基础上选拔出优胜者。预赛通常由所在单位工会，根据单位实际，依据《国家职业标准》和岗位规范自行组织实施。

3. 决赛

决赛是把选拔上来的选手集中起来，在规定的地点和规定的时间进行最后的比赛，决出优胜者。决赛需要做好竞赛地点和时间安排、竞赛项目的规定、参赛资格的审查、决赛办法的制定等工作。决赛办法通常包括报名时间、联系方式、决赛日程、决赛规则、裁判员的选定、录取名次等。

4. 表彰奖励

对决赛的优胜者通过不同的方式进行奖励。要进一步研究制定技术比赛的各项表彰奖励政策，建立健全物质奖励与精神奖励并重的激励机制，将技术比赛成果作为对职工表彰奖励、培训深造、晋职晋升的重要依据。要建立技能劳动者凭技能晋升、靠业绩贡献确定收入分配的激励机制，对优秀技能人才实行特殊奖励机制，在薪酬、聘任、带薪学习、培训、休假、进修等方面制定相应的鼓励办法。

5. 总结推广经验

决赛之后，把各方面的先进经验，特别是优胜选手的先进操作方法加以总结推广，以便为更多的职工所掌握，促进职工队伍技能水平的提高。利用各种媒体手段，做好竞赛的宣传报道和推荐工作，及时总结宣传竞赛活动中涌现出来的先进典型，确保竞赛活动取得显著成效。

注意事项

1. 技术比赛的立意要高、目的要明确

要把技术比赛当作贯彻落实党和国家关于加强产业工人队伍改革与建设、进行终身职业技能培训的具体行动，并从促进企业转型升级和高质量发展的角度认识和思考问题。

开展技术比赛活动的目的，是为职工群众提供施展本领、切磋技艺、开阔眼界、增长才干的舞台，促进职工技术技能素质的不断提高。技术比赛是一项系统工程。加强组织领导、搞好命题、制定工作程序，是保证技术比赛顺利进行的关键。举行技术比赛要成立临时的组织领导小组，负责比赛的组织领导工作。

2. 技术比赛的命题要科学

技术比赛的命题，包括理论考试题和实际操作题。命题要遵循坚持标准、重视基础、全面考核、创新发展、

反映水平的原则。理论考题应考核实用性、普遍性、正确性（力求答案是唯一的）、时间性（在规定的时间内能够完成的）、灵活性（可有选做的加分难题）。实际考核题应根据考核条件，掌握多功性（要有反映三个以上的基本功）、可测性（考场具备进行检测和评价的条件）、可行性（考场的条件是可行的）、特殊性（要有三个以上的难关）。

3. 技术比赛内容和形式要灵活

随着时代和社会的发展，技术比赛不论是在内容上还是在形式上都有了新的发展。但总的来说，技术比赛具有十分灵活的特点。其一，其规模大小、项目多少可以自由伸缩、增减，既适合于省、市大范围开展，也适合于行业、企业小范围开展。其二，既要致力于能力的培养，也要重视知识的掌握。使能力的培养与知识的学习贯穿于活动的始终，这是不断提高职工职业技能水平，培养和造就具有较高科学文化素质与技术技能水平职工队伍的重要途径。其三，技术比赛把国家颁布的工人技术等级标准（职业技能标准）作为基本标准，与国家的职业资格认证体系相结合，促进技能人才脱颖而出。其四，技术比赛有着强烈的激励作用。技术比赛把技能比赛和技能人才表彰制度化、规范化，使其具有更深厚的社会基础和群众基础，起到了激励职工奋发向上、努力学习、提高技能水平的积极作用。其五，要与时俱进，不仅要有传统的工业项目，还要有新兴的行业、产业项目。

> 范例

××集团职业技能竞赛实施办法

第一章 总 则

第一条 为规范和加强对职业技能竞赛活动的组织管理，根据《新时期产业工人队伍建设改革方案》、国务院《关于推行终身职业技能培训制度的意见》和××省《关于印发〈职业技能竞赛实施办法〉的通知》与《职业技能竞赛技术规程》，结合我集团实际，制定本办法。

第二条 职业技能竞赛活动要以激发广大职工学习技术，促进职工队伍素质提高，在一流集团建设新征程中岗位成才、实现价值为目的，坚持公开、公平、公正的原则，严格执行国家有关法律、法规和总公司、集团有关政策规定。

第三条 集团职业技能竞赛分为集团级一类、集团级二类和基层单位级竞赛。由集团直接组织的全集团多系统参加的竞赛为集团级一类竞赛；经集团批准，由单一业务部门组织的竞赛为集团级二类竞赛。集团级一类竞赛可冠以"全集团""集团"等竞赛活动名称；集团级二类竞赛可冠以"全集团××系统××职业（工种）"等竞赛活动名称。其他竞赛活动不得冠以"全集团""集团"等名称。基层单位竞赛可冠以"××（单位）××届（或年）职业技能竞赛"等名称。

第二章　竞赛机构与职责

第四条　集团竞赛领导小组。组长：总经理、党委书记。副组长：总工程师、集团主管副总、党委副书记、工会主席。成员：行政、工会各部门负责人。

集团竞赛领导小组下设办公室和竞赛管理部门。

第五条　竞赛领导小组办公室。主任由集团工会副主席担任。副主任由集团办公室副主任，人力资源、财务、企业文化等主管部门副职，工会生产和文体部部长与团委副书记担任。办公室设在集团工会生产和文体部，具体负责竞赛的组织安排和日常管理工作，其主要职责如下：

1. 制订全集团竞赛的中长期规划、年度集团级竞赛实施计划，并组织和监督实施。

2. 负责竞赛的立项、审核备案。

3. 负责与各竞赛组委会及相关单位的沟通和协调，指导各竞赛组委会按本办法开展竞赛工作。

4. 负责竞赛宣传品的设计、制作和管理。

5. 负责竞赛经费的筹措、使用和管理。

6. 负责竞赛结果的备案及竞赛活动的总结和统计分析。

第六条　竞赛管理部门。人力资源部是全集团竞赛管理部门，具体负责全集团竞赛的管理和技术支持等工作。其主要职责如下：

1. 负责竞赛的日常管理和立项后的上报。

2. 负责全集团职业技能竞赛年度计划的汇总、编制、上报和公布。

3. 负责竞赛裁判员的选拔、培训和管理。

4. 负责命题审定、试卷印制和竞赛结果的统计分析。

5. 负责竞赛的表彰、奖励及证书的制作发放。

6. 负责对竞赛结果的备案、上报及对获奖选手的职业资格认定。

第七条 举办职业技能竞赛活动，须成立临时性竞赛组委会，组委会下设办公室和裁判委员会（简称裁委会）。各竞赛机构应在竞赛组委会的统一领导下，明确责任，分工协作，共同组织好竞赛活动。集团级一类竞赛组委会主任由集团总工程师担任。组委会委员由相关部门负责人组成。集团级二类竞赛组委会主任由主办部门负责人担任。组委会委员由有关单位的负责人担任。竞赛组委会的主要职责如下：

1. 负责竞赛的整体安排和组织管理。

2. 指导竞赛办公室和裁委会工作。

3. 对竞赛期间的重大事项进行决策。

4. 对竞赛各项组织和赛务工作进行监督检查。

第八条 竞赛组委会办公室。集团级一类竞赛组委会办公室组成人员原则上由领导小组办公室组成人员担任。竞赛组委会办公室具体负责竞赛的组织安排和管理工作，其主要职责如下：

1. 制订竞赛的具体组织方案和实施计划，并组织和监督实施。

2. 负责与竞赛各相关单位的沟通和协调。

3. 负责竞赛期间的各项宣传工作。

4. 负责竞赛的总结和统计分析，并分别上报集团竞赛领导小组办公室和竞赛管理部门。

第九条 竞赛裁委会。集团级一类竞赛按系统设置若干裁委会。集团级一类和二类竞赛裁委会主任由各业务部门的主管负责人担任，成员由有关单位、部门已取得裁判员资格的人员组成。竞赛裁委会设总裁判长、裁判长。竞赛裁委会具体负责竞赛的各项赛务工作，其主要职责如下：

1. 组织制定竞赛规则、评分标准及相关竞赛技术性文件。

2. 负责编制竞赛复习大纲和辅导资料。

3. 负责参赛选手的培训和辅导。

4. 负责对集团职业技能鉴定指导站（中心）提供的竞赛试题组织技术专家进行论证、修改和完善，或组织技术专家命题。

5. 负责竞赛场地、器械、设备、检测仪器的检验、确认及分配。

6. 负责竞赛各阶段的评判及竞赛技术点评工作。

7. 负责竞赛结果的核实、发布。

第十条 基层单位竞赛组织机构可比照集团级竞赛组成方式确定。

第三章 竞赛备案立项

第十一条 全集团职业技能竞赛实行审核备案登记制度。

集团级一类竞赛由集团竞赛管理部门按照总公司有关

规定，向总公司备案，一般每两年举办一次。集团级二类竞赛由主办部门分别向集团竞赛领导小组办公室和竞赛管理部门报送《集团级职业技能竞赛申请备案表》及有关材料，经集团竞赛领导小组办公室和竞赛管理部门审核备案立项后实施。

基层单位竞赛根据自身实际安排组织，竞赛周期和职业（工种）由站段自行确定，分别向集团竞赛领导小组办公室和竞赛管理部门报送《基层单位职业技能竞赛申请备案表》及有关材料，经集团竞赛领导小组办公室和竞赛管理部门审核备案立项后实施。

第十二条　竞赛备案工种名称须按照国家职业标准公布的职业（工种）名称规范申报，管理和技术岗位竞赛可按专业或岗位职名申报。

第十三条　基层单位申请备案的职业（工种），凡当年集团级竞赛未开展的，经审核可予以立项，每次立项的职业（工种）不超过5个，同一职业（工种）竞赛备案立项间隔至少应在一届（年）及以上。

第十四条　竞赛备案应在启动竞赛活动30日前办理，提供下列书面材料：

1. 申请举办竞赛活动的报告。
2. 举办竞赛活动备案表。
3. 竞赛活动组织实施方案。
4. 竞赛组委会及组委会办公室、裁委会成员名单。
5. 竞赛活动所需场地、设备、技术检测手段等情况简介。

6. 经费预算、来源及使用方案。

第十五条 主办单位拟邀请集团外单位和人员参加竞赛活动的，需要代表集团参加上级或者其他大型职业技能竞赛活动的，组织单位应在参加竞赛 30 日前，向上一级报备。

第十六条 竞赛活动备案立项后的变更。主办单位如需变更竞赛名称和内容的，应分别报集团竞赛领导小组办公室和竞赛管理部门办理变更手续，并通知相关部门。竞赛活动通知发出后，主办单位由于特殊原因，须取消竞赛活动的，应向集团竞赛领导小组办公室和竞赛管理部门提出书面说明，并做好善后处理工作。

第十七条 主办单位有下列情况的，集团竞赛领导小组办公室和竞赛管理部门将取消其本次竞赛备案资格：

1. 未经同意，擅自更改竞赛时间、地点的。
2. 未按照竞赛规则、组织方案的规定，擅自变更竞赛内容或者取消竞赛活动的。
3. 组织管理不善，在竞赛过程中造成重大事故的。
4. 未按照竞赛规则、竞赛评判标准组织竞赛，竞赛中未做到公开、公平、公正，发生营私舞弊，导致成绩失实的。

第十八条 竞赛经费由主办、承办单位按规定的开支范围和标准共同承担。

第四章 竞赛裁判员

第十九条 职业技能竞赛裁判员应具有集团级及以上

裁判员资格证书。

第二十条 裁判员的基本资格如下：

1. 热爱本职工作，具有良好的职业道德和心理素质。

2. 从事竞赛职业（工种）工作或专业管理9年以上，并在该职业（工种）技术、技能方面得到广泛认可。

3. 具有本职业（工种）技师以上职业资格［职业等级设置未达到技师的，应具有本职业（工种）最高等级职业资格］或本专业中级以上专业技术职务。

4. 能够秉公执法，不徇私情。

5. 具有较高的裁判理论水平和丰富的实际操作经验，熟练掌握竞赛规则，现场运用准确、得当。

6. 具有较丰富的临场执裁经验和组织现场裁决的能力。

第二十一条 裁判员分为国家级、省级和集团级三类，并实行选拔、推荐、培训、考核认证、兼职聘用制度。申报集团级裁判员资格，可由本人提出申请，所在单位推荐，填写《集团职业技能竞赛裁判员资格申报表》，报集团竞赛管理部门进行资格审查和资格培训，对经考核合格人员，填写《集团职业技能竞赛裁判员资格证书登记表》，由集团颁发集团职业技能竞赛裁判员资格证书和证卡。省级裁判员、国家级裁判员，原则上从集团级裁判员中选拔、推荐。

第二十二条 裁判员享有以下权利：

1. 集团级裁判员可以参加集团级及以下职业技能竞赛的执裁工作。

2. 参加集团组织的裁判员更新知识培训。

3. 独立行使职业技能竞赛执裁权。

4. 对职业技能竞赛规则和裁判方法提出修改意见与建议。

5. 监督本级裁判组织执行各项裁判员制度。

6. 检举裁判员队伍中的违纪违规行为。

第二十三条 裁判员应承担的义务：

1. 服从竞赛组委会的安排，积极参与职业技能竞赛裁判工作。

2. 熟练掌握本职业（工种）技能竞赛规则和裁判方法，并参与职业技能竞赛评判方案的设计。

3. 配合所属单位对有关单位职业技能竞赛裁判员执法情况进行调查。

第二十四条 对裁判员实行注册登记制度。根据裁判员的工作表现及集团主管部门的评价意见，每两年对裁判员证书进行一次审核注册，审核注册时间一般为证书有效期满前一个月。未按时注册的裁判员，其裁判员证书和证卡失效。

1. 集团级裁判员，由各单位人力资源部门填报《集团职业技能竞赛裁判员审验申报表》，同时将裁判员资格证书与证卡一并上报集团职业技能竞赛管理部门。经审核批准后予以注册。

2. 省级和国家级裁判员，按有关规定办理。

第二十五条 裁判员有下列情节之一者，暂停注册：

1. 执裁过程中出现重大失误，对竞赛活动造成恶劣影响的。

2. 两年内因本人原因未担任任何裁判工作的。

3. 四年内未参加培训考核或培训考核不合格的。

第二十六条 裁判员须持有效的竞赛裁判员证书并佩戴证卡方能参加竞赛执裁工作；裁判员不得跨职业（工种）进行职业技能竞赛的执裁工作。裁判员在执裁过程中应严格实行回避制度和轮派制度。职业技能竞赛决赛活动结束后，裁判长应根据裁判员的执裁表现，按"优秀、良好、合格、不合格"四个等次提出对裁判员的执裁评分意见，经裁委会同意后，在裁判员证书相关栏目内签署。

第二十七条 对裁判员的处理分为：警告、取消该次竞赛裁判资格、停止裁判工作两年和终身禁止裁判工作四种。

第二十八条 在执裁工作期间，未严格遵守赛场纪律或在现场执裁中出现漏判、错判者，视情节给予警告或取消该次竞赛裁判资格的处理。

第二十九条 在竞赛中执法不严，有意偏袒一方，妨碍公正执裁者，造成严重影响的，给予停止裁判工作两年的处理。

第三十条 裁判员有下列情节者，给予终身禁止裁判工作的处理：

1. 行贿受贿、徇私枉法的。

2. 在重要竞赛中，因主观原因出现明显的错判或漏判，并造成恶劣影响的。

3. 触犯刑律，受到刑事处罚的。

第三十一条 集团级职业技能竞赛对裁判员的警告和取消该次竞赛裁判资格的处理，由竞赛组委会作出，在其裁判员资格证书内注明，报集团竞赛管理部门备案，同时向对裁判员进行日常管理的单位进行通报。裁判员被停止裁判工作两年、终身禁止裁判工作的处理决定,由竞赛组委会报集团竞赛管理部门批准,发出通报。

第五章　竞赛组织实施

第三十二条　举办集团级竞赛应优先选择技术含量高、从业人员较多的职业(工种)实施。集团级竞赛决赛人数原则上不得少于30人。

第三十三条　竞赛采取以实际操作竞赛为主,并附加理论知识考试的形式,实际操作成绩应占总成绩的70%以上。竞赛命题应按照职业(工种)国家职业标准三级(高级工,职业等级设置未达到三级的以其最高等级)知识、技能要求为基础,适当向高等级延伸,并增加新技术、新设备、新工艺、新规章内容。

第三十四条　职业技能竞赛试题应从国家职业技能鉴定试题库××行业分库中随机抽取,经组委会裁判委员会技术专家论证、修改、完善后实施。国家职业技能鉴定试题库××行业分库不能满足竞赛需要时,可根据实际需要组织有关技术专家命题。

第三十五条　竞赛理论试卷可采用标准试卷或非标准试卷。标准试卷由客观题(选择、判断)组成,题量一般为100道题;非标准试卷由客观题(选择、判断)和主观题(填空、简答、计算、论述、作图)组成,题量一般为36道题。竞赛实作试卷应包括:试卷、评分标准、设备、检测仪器、工具和材料清单。

第三十六条 竞赛所需场地由竞赛组织机构和技术专家根据竞赛职业（工种）要求选择确定。赛场设备、设施应完善、先进、安全，且具有代表性。赛场内外环境适宜。

第三十七条 竞赛使用材料及设备由技术专家依据竞赛试题的需要确定，由竞赛裁委会委托承办单位负责配备，其主要设备要最大限度地利用赛场的原有设备装置。选手日常使用的简单工具、设备允许选手自行携带使用。

第三十八条 参赛单位应按竞赛裁委会公布的复习提纲、辅导资料、参考书目，认真做好参赛选手的培训工作。

第三十九条 参加竞赛的选手应填报《职业技能竞赛参赛选手登记表》，经竞赛组委会办公室审核同意后，方可参加竞赛。代表集团参加省级或国家级竞赛的选手，原则上应是集团级竞赛的优胜选手；代表各单位参加集团级竞赛的选手，原则上应是基层单位竞赛的优胜选手。

第四十条 主办单位根据竞赛活动的目的、内容及工作实际，制订具体的宣传方案和宣传口号，对竞赛活动、竞赛现场、参赛选手和获奖者以及竞赛相关政策、新技术、新理论等进行宣传。

第四十一条 竞赛活动一般应包括开幕式、竞赛过程、闭幕式等基本工作环节。

1. 开幕式的主要内容：选手入场式，升国旗、唱国歌，致开幕词，来宾致辞，裁判员宣誓，选手宣誓，宣布竞赛规则和要求，及相关宣传活动等。

2. 竞赛过程在裁判长的主持下，由全体裁判人员共同参与执行。包括：确认选手身份、进行赛前教育（向选手说明竞赛技术要求等）；对竞赛材料、设备、工具的检验；赛场监考；评判打分；竞赛成绩名次的确认等。

3. 闭幕式的主要内容：裁判长宣布竞赛成绩，竞赛技术点评，向获奖者颁奖，来宾致辞，致闭幕词和相关宣传活动等。

第四十二条　竞赛组委会在竞赛结束后 30 日内，分别向集团竞赛领导小组办公室和集团竞赛管理部门提交竞赛总结报告，将竞赛所有试卷送交集团竞赛管理部门。竞赛总结报告主要包括：

1. 选手成绩（基层单位竞赛还须同时上报表彰情况）。
2. 竞赛点评和统计分析。
3. 竞赛费用使用情况。
4. 裁判员工作表现。

第六章　竞赛表彰、奖励和晋级

第四十三条　对在竞赛活动中取得优异成绩的选手由集团职业技能竞赛管理部门按照有关规定提出表彰方案，报集团领导批准后，给予表彰奖励和按规定提前参加职业技能鉴定或直接晋升相应等级的职业资格。

第四十四条　国家级和省级竞赛获奖选手的表彰和奖励，按人力资源和社会保障部、省有关规定执行。

第四十五条　集团级竞赛。

1. 集团级一类竞赛

（1）对获得经省备案的集团级竞赛各职业（工种）前 2 名的选手，由集团竞赛管理部门向省申报授予省级技术能手称号。

(2) 从业人数较少的职业（工种），对获得前3名的选手，授予全集团技术能手称号，颁发证书；获得4至10名的，颁发名次证书。

(3) 从业人数较多的职业（工种），对获得前5名的选手，授予全集团技术能手称号，颁发证书；获得6至15名的，颁发名次证书。

2. 集团级二类竞赛

(1) 从业人数较少的职业（工种），对获得前2名的选手，授予全集团技术能手称号，颁发证书；获得3至6名的，颁发名次证书。

(2) 从业人数较多的职业（工种），对获得前3名的选手，授予全集团技术能手称号，颁发证书；获得4至10名的，颁发名次证书。

第四十六条　对集团级竞赛决赛人数低于30人的，上述表彰名额相应减少。

第四十七条　对经集团备案的基层单位竞赛各职业（工种），视从业人数和参赛规模，授予前1至2名选手全集团技术能手称号，颁发证书。

第四十八条　集团对国家级、省级和集团级竞赛中获得全国技术能手、全省（行业）技术能手和全集团技术能手称号及规定名次的选手按规定标准给予奖励。对以上竞赛同时获得两次及以上表彰的选手，只按最高奖励标准给予奖励，不重复奖励。

第四十九条　对职业技能竞赛优秀选手，按照竞赛职业（工种）的职业资格等级设置，可直接晋升相应职业资格等级或提前参加上一等级职业技能鉴定。

1. 对获得全国技术能手称号的选手，直接晋升技师职业资格。已具有技师职业资格且该职业（工种）设有高级技师职业等级的，直接晋升高级技师职业资格。

2. 对获得全省（行业）技术能手称号的选手，按照其所从事职业（工种）的职业资格等级设置，直接认定相应等级职业资格。其中，职业资格等级未设高级工的，按实际设置职业资格等级的最高等级认定；职业资格等级设高级工的，直接认定高级工职业资格；已具有高级工或以上职业资格，且该职业（工种）设有技师或高级技师职业等级的，可直接认定其上一职业资格等级。

3. 对国家级、省级（行业）竞赛中获得名次证书的选手，在已取得职业资格等级基础上，可提前参加上一职业等级的职业技能鉴定，三年内免操作技能考试，其中晋升技师、高级技师的，可同时免理论知识考试。

4. 对国家级、部级竞赛中未获得全国技术能手、全省（行业）技术能手称号和名次证书的选手（不含取消竞赛名次的选手），按照《国家职业标准》在三年内正常参加职业技能鉴定的，可免操作技能考试。

5. 对全集团技术能手称号获得者，提高认定职业资格等级。其中，尚未取得职业资格证书的，可直接认定为中级职业资格；上一等级为中、高级的，可直接认定中、高级职业资格；上一等级为技师、高级技师的，三年内破格申报可免于理论和实作考试，直接参加技师、高级技师职业资格考评。

6. 对参加集团级职业技能竞赛获得名次选手，按集团有关规定提前参加职业资格等级晋升鉴定。

第七章 附 则

第五十条 各单位可结合实际，制定本单位职业技能竞赛实施细则，并报集团竞赛领导小组办公室和竞赛管理部门备案。

第五十一条 本办法由集团人力资源部负责解释。

××区总工会关于开展××区职工技能大赛的通知

各乡镇、街道、区级各部门、企事业单位：

为深入贯彻落实市委"加快两化进程，推进五个××建设"、《新时期产业工人队伍建设改革方案》和国务院《关于推行终身职业技能培训制度的意见》及重大战略决策和部署，大力实施人才强区战略，进一步加强我区技能人才队伍建设，继续深化全区职工技能大培训、大练兵、大比武活动，兴起广大职工学技术、钻技能的热潮，为建设区域人才聚集地提供技能人才保障，区委、区政府决定开展第五届××区职工技能大赛。现将大赛活动的有关事宜通知如下：

一、大赛时间

第五届××区职工技能大赛活动从8月开始到9月底结束。初赛在8月20日以前完成，复赛在9月10日前完成，决赛在9月底前完成。

二、参赛人员

我区各级机关、各企事业单位职工及其他社会从业人员均可参加竞赛。

三、大赛组织

第五届××区职工技能大赛按照逐级选拔方式进行。

1. 单位初赛。区级各机关、企事业单位按照第五届××区职工技能大赛确定的工种项目进行初赛。由所在单位工会，根据单位实际，依据《国家职业标准》和岗位规范自行组织实施。

2. 单位复赛。各乡镇（街）、区级各部门、企事业单位，按照第五届××区职工技能大赛确定的工种项目，依据《国家职业标准》和行业岗位规范，组织复赛。在复赛的基础上，分工种项目选拔组队，报名参加区级职工技能大赛。

3. 区级大赛。各乡镇（街）基层工会，从复赛中推荐10名优胜选手参加区级职工技能决赛。区委组织部、区委宣传部、区委政法委、区直机关党委、区总工会、区教育局、区人力资源和社会保障局、区城乡建设和住房保障局、区经信局、区卫生局、区外事侨务和旅游局等部门，在复赛的基础上，按照国家职业或行业标准，举行第五届××区职工技能大赛，并对参与优秀选手授予"区技术能手"和"服务明星"等荣誉称号。

4. 第五届××区职工技能大赛具体安排，由各牵头承办单位另行通知，参赛费用由各牵头承办单位负责。

四、任务分工

1. 区总工会牵头，区经信局、人力资源和社会保障局配合工种项目1项：中级数控车床车工。

2. 区经信局牵头负责，区人力资源和社会保障局配合的大赛项目1项：超市收银员。

3. 区教育局牵头负责的大赛项目3项：教师说课、普通话竞赛、微型课竞赛。

4. 区卫生局牵头负责的大赛项目4项：无菌技术操作；帽式包扎法、单肩包扎法、压脉带止血法；穿脱隔离衣；调剂。

5. 区外事侨务和旅游局负责的大赛项目2项：农家乐招牌菜、中式餐厅服务。

6. 区人力资源和社会保障局、区农牧林业局牵头负责的农民工技能大赛工种项目另列。

7. 区政法委牵头负责的大赛项目1项：警务手枪实弹应用射击及分解组合。

8. 区直机关党工委牵头负责，区人力资源和社会保障局、区直机关工会配合的大赛项目1项：电子公文。

9. 区国税局、区地税局负责大赛项目3项：税源管理、纳税服务、税收政务。

10. 区城乡建设和住房保障局负责工种项目2项：中级砌筑工、中级钢筋工。

五、命名奖励

1. 各乡镇、(街)区级各部门和各企事业单位的技能竞赛初赛和复赛，其命名奖励由各单位自行实施，竞赛成绩与职工晋级、聘用、分配挂钩，并作为评选首席技师、优秀员工等的重要依据，鼓励职工立足岗位成才。

2. 对参加区级职工技能决赛前三名的优秀选手由区委组织部、区人力资源和社会保障局、区总工会及相关部门择优授予"区技术能手"或"服务明星"荣誉称号，以及一定的物质奖励,参加竞赛项目的选手中属公务员和专业技术人员的,由区人力资源和社会保障部门按 20 学时纳入公务员专业知识培训与专业技术人员继续教育登记;其余工种的中级工第一名选手经市人力资源和社会保障局审批同意我区竞赛方案后,按批准方案由市人力资源和社会保障局核发中级工国家职业资格证书。

六、组织领导

第五届××区职工技能大赛由区委组织部牵头,区总工会、区人力资源和社会保障局具体负责,相关部门共同配合实施。为加强对大赛活动的领导,成立第五届××区职工技能大赛活动组委会。组委会办公室设在区总工会(经济技术事业部),负责大赛的具体工作。组委会组成人员(略)。

七、大赛要求

1. 高度重视,加强领导。各单位要高度重视,切实加强技能大赛活动的领导。各牵头负责单位要按要求制定好专项竞赛活动方案的技术要求,于 8 月 10 日前送区人力资源和社会保障局备案。

2. 广泛动员,精心组织。各单位要广泛动员,层层组织,引导广大职工积极投入到技能大赛培训、技能大练兵、技能大竞赛中来,努力扩大职工的参与面。

3. 大力宣传,营造良好氛围。各单位要加大对技能竞赛活动的宣传力度,对大赛中涌现出来的优秀选手,要加大宣传、扩大影响,通过宣传进一步营造尊重劳动、尊重技能、尊重知识、尊重人才、尊重创造的良好社会氛围。

第四部分

智能型竞赛流程图示与范例

职工技术创新工作流程

图示

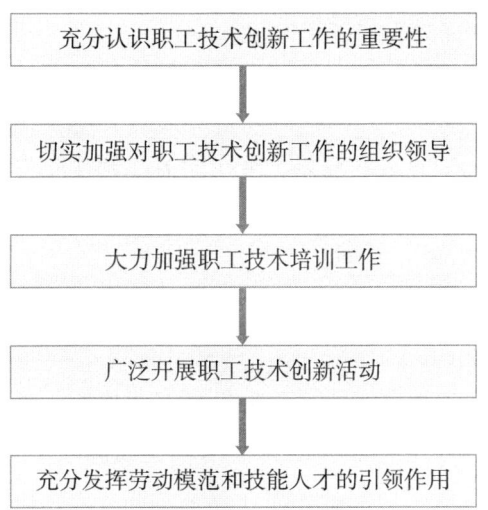

图示解说

1. 充分认识职工技术创新工作的重要性

提高自主创新能力,建设创新型国家,是国家发展战略的核心,是提高综合国力的关键。职工群众是社会主义现代化建设的主力军,是推动科技进步、建设创新型国家和创新型企业的重要力量。加强职工技术创新工作,充分发挥职工在科技进步与创新中的重要作用,是坚持走中国特色自主创新道路的具体体现。

加快转变经济发展方式是当前我国经济工作一项十分艰巨的任务。科技进步与创新是企业转型升级和高质量发展的重要支撑。加强职工技术创新工作,积极组织和引导职工投身科技进步与创新的伟大实践,是服务转型升级,促进高质量发展的重要举措。

提高职工素质是实现共同理想和宏伟目标的要求,也是发展工人阶级先进性的需要。通过加强职工技术创新工作,增强职工的学习能力、实践能力、创新能力和竞争能力,是实现职工利益、提升职工素质、促进职工全面发展的重要途径。

2. 切实加强对职工技术创新工作的组织领导

加强职工技术创新工作是提高职工素质、推动技术进步,促进创新型企业和创新型国家建设的一项重要举措。各有关部门要密切配合,加强政策协调、工作协商和信息沟通,发挥自身优势,形成工作合力,共同推动职工技术创新工作深入开展。

企业是职工技术创新活动的主战场,是培育职工的重要基地。要充分发挥企业的优势,为职工技术创新活动搭建平台,营造良好环境。

制定鼓励职工积极参与技术创新活动的办法措施,积极开展技术开发、技术转让、技术咨询、技术服务等活动,推动职工技术创新成果转化;建立和完善奖励机制,按照国家有关规定表彰职工优秀技术创新成果。

工会组织要把开展职工技术创新活动作为新时代建功立业劳动竞赛的重要内容,列入重要议事日程,加强调查研究,搞好分类指导,认真总结经验,及时发现和解决存在的问题,不断提高职工技术创新工作的质量和水平。

广泛宣传职工技术创新活动中涌现出来的先进典型,积极发展"敢为人先、争创一流、崇尚创新、宽容失败"的创新文化,使职工的创新想法得到尊重、创新热情得到保护、创新才能得到发挥、创新成果得到肯定。

3. 大力加强职工技术培训工作

职工技术培训工作要认真贯彻落实《国务院关于加强职业培训促进就业的意见》(国发〔2010〕36号),以培养知识型、技术型、创新型职工为目标,以提高职工技能水平和创新能力为重点,把理论学习与实际操作结合起来,大力提高职工技术素质,努力培养造就建设创新型企业和创新型国家所需要的各类人才。

要围绕本地区、本行业转变经济发展方式的重点和产业发展战略,从企业技术进步和职工岗位工作需要出发,把普遍提高职工技能水平与培养高技能人才和优秀技术创新人才结合起来,广泛开展多层次的职工技术等级培训、岗位技能提升培训,帮助职工增强创新意识和创新能力,提高科技文化知识和岗位技能水平,形成高、中、初级技能人才结构合理、梯次发展的良好格局。

加强职工职业技能实训基地建设,充分利用社会教育培训资源,发挥各级各类职业技能培训机构和企业培训中心的作用,积极开展职工职业技能培训,不断扩大高技能技术工人队伍。

精心制定培训规划,合理安排培训内容,扎实做好培训工作。要加强师资队伍建设,努力改善培训条件,不断提高培训质量。积极争取有关方面对培训工作的支持,多渠道筹集培训所需费用。

4. 广泛开展职工技术创新活动

职工技术创新活动要积极推动国家技术创新工程的实施,以提高职工技能水平、推动企业技术进步和促进经济发展为目标,积极引导职工投身原始创新、集成创新和引进消化吸收再创新实践,为建设创新型企业、创新型国家贡献智慧和力量。

职工技术创新活动要围绕促进企业安全生产、提高生产效率、提升产品质量和推动节能减排,广泛开展技术攻关、发明创造、合理化建议等活动,引导和鼓励职工立足本职、岗位创新。

职工技术创新活动要把增强职工创新意识、提高职工创新能力作为重要着力点,积极普及创造学知识,广泛开展岗位练兵、技术比武、技能比赛、师徒帮教等活动,把培训、练兵、比武有机结合起来,让先进生产技术和先进操作方法为更多的职工所掌握。

把争创创新型班组作为新时代建功立业劳动竞赛的重要内容，以创建"工人先锋号""创建学习型组织、争做知识型职工"等活动为载体，不断提升班组创新能力，努力为职工施展聪明才智创造条件，为建设创新型企业奠定坚实基础。

5. 充分发挥劳动模范和技能人才的引领作用

劳动模范和优秀技能人才是推动技术进步与促进职工成长成材的典范，是实现企业高质量发展的重要力量。要大力培养选树在职工技术创新活动中涌现出来的"首席员工""金牌工人""优秀工匠""创新能手"等技能人才楷模，积极推广他们创造的先进技术和先进操作法。

积极组织劳动模范和优秀技能人才开展技术开发、技术咨询、技术交流、技能展示等活动，普遍建立覆盖企业主要工种的优秀技能人才（劳模）创新工作室，用劳模和高技能创新型人才的名字命名重大技术创新成果和先进操作法等，充分发挥劳动模范和优秀技能人才的示范引领作用。

切实做好劳动模范和优秀技能人才的管理服务工作，努力为他们施展才干、传授技艺提供有利条件。建立职工技术创新人才和职工技术创新成果信息库，督促企事业单位建立和完善技能人才培养、考核、使用和奖励制度。

弘扬工人阶级伟大品格和劳模精神，大力宣传劳动模范和优秀技能人才为攻克技术难关而刻苦钻研的精神和为推动技术进步而拼搏献身的事迹，激励广大职工努力学习新知识、掌握新本领、创造新业绩、作出新贡献，使劳动光荣、知识崇高、人才宝贵、创造伟大成为时代新风。

注意事项

1. 切实有效实施职工技能创新

（1）营造良好职工创新环境

引导职工树立时时可创新、处处可创新、人人可创新的理念，立足岗位开展创新，解决身边技术难题；建立健全以岗位创新、班组（团队）创新、劳模和工匠人才（职工）创新工作室为主要载体的职工创新体系；发挥职工技协作用，搭建职工创新成果展示、交流平台，促进成果转化。

（2）聚焦关键核心技术突破开展竞赛

在实施"科技创新2030——重大项目"和国家科技重大专项、关系民生福祉的重点领域技术供给、面向科技强国的基础研究等领域开展技术攻关、发明创造等竞赛活动，推动关键共性技术、前沿引领技术、现代工程技术、颠覆性技术等取得重大突破，增强原始创新能力，铸就大国重器，为建设科技强国提供有力支撑。

（3）突出质量提升开展竞赛

推动实施质量强国战略，贯彻落实《中共中央 国务院关于开展质量提升行动的指导意见》，教育引导职工牢固树立质量第一意识，提高职工群众质量素养，深入开展质量管理小组和质量信得过班组建设等活动，围绕提升产品、服务、工程质量和加强品牌建设开展群众性质量提升活动，推动形成企业追求质量、社会崇尚质量、人人关心质量的良好氛围。

（4）针对发展先进制造业开展竞赛

围绕实施《中国制造2025》，聚焦新技术、新管理、新模式、新业态，瞄准关键领域、基础材料、核心技术和共性需求，广泛开展小革新、小发明、小改造、小设计、小建议等"五小"活动，动员广大职工立足岗位、提升技能、精益求精、创新创造，在优化传统制造、发展高端制造、推进智能制造、实施绿色制造中发挥重要作用。

2. 研究和把握具体的做法和程序

（1）把握主要做法

技术创新是指企业为更好地实现生产经营目标，在技术方面进行局部改革与创新的活动。它是提高企业生产技术水平，实现增产节约，挖掘企业潜力，完成企业生产经营目标的重要手段。技术创新的内容包括：产品的改进革新、机器设备和工具革新、生产工艺和操作方法革新、节约能源、综合利用原材料和采用代用材料、环境保护、消除污染和治理"三废"等。技术创新具有广泛的群众性，是职工参与技术管理的一种有效形式。它的主要做法有：一是以技术骨干为核心，充分发动广大职工群众积极参加；二是有组织、有领导地进行，分公司和车间要列入议事日程，有专人负责；三是技术创新规划目标要明确，抓住生产关键和薄弱环节，把大改大革和小改小革结合起来；四是落实技术创新所需要的资金、设备、材料和人力；五是采取各种方式，如组织职工学习先进技术、技术展览、召开技术研讨会和举行技术讲座等，促进技术创新活动持续不断开展。

(2) 申报职工技术成果奖

为了进一步调动广大职工参与技术创新活动的积极性，全国总工会设立了职工技术成果奖，下发了《中华全国总工会职工技术成果奖奖励暂行办法》。这一奖项是根据《国家科学技术奖励条例》和《社会力量设立科学技术奖管理办法》的有关规定，经国家科学技术部批准设立的。《暂行办法》规定，具备下列条件之一的，可以申报职工技术成果奖：一是发明创造具有新颖性、先进性和实用性，并在本行业产生重要影响；二是创新技术、设计和改进工艺取得显著成效；三是研制开发新产品、新工具具有国内先进水平，并取得显著成效；四是对现有设备进行技术改进取得显著成效；五是创新操作法，使劳动生产率、产品质量显著提高或在节能降耗等方面取得显著成绩；六是创新技术，在职业安全卫生和环境保护等方面起到显著作用。全国职工技术创新成果由全国总工会组织专家进行评选，对获奖成果要进行公示，对获得一、二等奖的成果还要进行实地考察，以保证成果的先进性、真实性和可靠性。应积极组织申报，调动和鼓励广大职工参与技术创新的积极性。

范例

××培训中心职工技术创新活动实施方案

为贯彻××培训中心一届三次职代会暨××××年工作会议精神，巩固职工技术创新活动成果，充分发挥蕴藏在广大职工中的创新潜能，全面促进职工技术创新活动的可持续开展，现制订本实施方案。

一、成立职工技术创新活动专业组

为进一步完善职工技术创新活动工作机制，××培训中心职工技术创新活动管理委员会（以下简称管理委员会）下设综合管理、培训教学、后勤服务共三个专业组，具体如下：

1. 综合管理专业组

组长：×××

副组长：×××

成员：×××　×××

2. 培训教学专业组

组长：×××

副组长：×××

成员：×××　×××

3. 后勤服务专业组

组长：×××

副组长：×××

成员：×××　×××

各专业组的工作职责：

1. 按照管理委员会办公室（中心工会）的相关工作安排，组织完成成果项目的征集、初选工作，并推荐参评。

2. 负责对拟推广职工技术创新成果实际效能的评价工作。

3. 负责组织相关专业职工技术创新成果的推广工作。

4. 负责组织开展过程中必要的培训工作。

5. 提出改进、完善项目的意见和建议。

6. 后勤服务专业工作组负责制定、落实对聘用人员参加活动的相关奖惩规定。

二、建立月度职工技术创新成果征集制度

为加强职工技术创新活动的日常管理，及时收集职工技术创新成果，使职工的创新成果及时得到确认和肯定，职工已完成的职工技术创新成果可随时向中心工会提交。每月25日（如遇双休日，提前1~2天）前，由成果项目负责人填报"××报表"后报中心工会，同时提交相应成果实物或相应证明材料。

三、完善职工技术创新成果建库工作

培训中心职工技术创新成果库的建设，总体分为获奖成果库、推广成果库两类，按创新成果项目性质分为综合管理、培训教学、后勤服务共三类。中心工会在对职工技术创新成果发文表彰后30日内，将获奖成果录入培训中心获奖成果库。推广成果库的建设由管理委员会组织各专业组完成，并将省公司推广成果库中与培训中心有关的职工技术创新成果纳入到培训中心推广成果库中。

四、健全职工技术创新成果推广应用工作机制

所有获得培训中心表彰奖励的创新成果按综合管理、培训教学、后勤服务共三个专业类别记入成果库，由各专业工作组从成果库中筛选，提出拟推广成果项目的建议，由管理委员会审批后执行。

1. 培训中心内部推广应用成果

各专业工作组依照成果库中所记载的成果、根据其实用性和可推广性确定拟推广成果项目，在管理委员会审批

后,组织在培训中心内部进行应用推广。

2. 本部门内推广项目

未列入培训中心内部推广应用的成果,均作为本部门内部推广应用项目,由项目提出人所在部门(或项目提出部门)负责应用并完成实施评价工作。

五、建立职工技术创新项目"立项征集解题"工作制度

为丰富职工技术创新项目的征集工作形式,充分发挥广大职工的集体智慧和团队协作精神,及时、有效地解决工作中存在的各类问题,提升工作质量和效益、效率,现建立职工技术创新项目"立项征集解题"工作制度,具体如下:

1. 中心工会每半年在培训中心网页发布征集创新项目通知。

2. 各处室组织本部门职工结合工作实际,对工作内容和工作环节进行梳理,将涉及培训教学、安全生产、后勤服务及各项管理工作中亟待解决的问题、难题形成项目报中心工会。

3. 中心工会就征集的项目进行汇总,并组织相关专业工作组完成上报项目的评价工作,报管理委员会确定立项与否。

4. 中心工会将上述立项的项目在培训中心网站主页上发布,各处室、团队和职工均可以就公开的项目提出解决方案。

5. 中心工会汇总收集的解决方案组织相关专业组确定最佳方案,报管理委员会审批后实施。

6. 对提出项目且该项目最终得到立项的处室、团队或

职工个人给予奖励，每项奖励500元~1000元。

7. 对完成项目的处室、团队或职工个人给予奖励2000元~4000元，并对该处室、团队或职工个人所在处室给予绩效奖励加分1分。

六、开展创建"劳模创新工作室"工作

为促进职工技术创新活动的深入开展，调动广大职工投身群众性创新实践的积极性、主动性和创造性，引导广大职工不断提高技能素质，不断增强职工队伍创新能力，组织开展创建"劳模创新工作室"工作。

劳模创新工作室的主要任务是：深化职工技术创新活动，推广职工技术创新成果转化、应用，围绕提高培训教学水平、完善教学手段、技术改造、技术革新、安全生产以及提高服务质量等主题，组织开展技术攻关、技术创新、管理创新、学习交流等活动；发挥劳模创新工作室的引领、教育、辐射作用，培养培训中心科学发展所需的科研、教学、经营、管理人才，增强培训中心自主创新能力。

七、建立开展职工技术创新活动月度竞赛制度

中心工会负责按月对各处室上报成果项目、数量进行登记、统计和排名工作，根据各处室实际工作完成情况编制"处室开展职工技术创新活动排行榜"。每月30日（二月份除外。如遇双休日，提前1~2天）在培训中心网站主页上公布全部处室排名结果。

（一）计算排名时依据指标

1. 本处室申报成果项目数（A）

2. 本处室人均申报成果项目数（B）
3. 本处室应用推广成果项目数（C）
4. 本处室人均应用推广成果项目数（D）

（二）处室月度排名计算办法

月度排名计算办法主要依据是：各处室当月完成申报成果项目具体数量、应用推广成果项目具体数量、各处室当月人均申报成果项目数、人均应用推广成果项目数。

其中：

1. $B = \dfrac{\text{本部门当月职工技术创新成果申报总数}}{\text{本部门当月在册职工人数}}$

2. $D = \dfrac{\text{本部门当月职工技术创新成果推广应用总数}}{\text{本部门当月在册职工人数}}$

3. "处室开展职工技术创新活动排行榜"具体排名依照上述两个排名值相加后得出。

4. 按照"处室开展职工技术创新活动排行榜"的排名情况，对各处室实行绩效奖惩：

（1）对当月排名第1~10名的处室，下月绩效奖励分别加分2分、1.8分、1.6分、1.4分、1.2分、1.0分、0.8分、0.6分、0.4分、0.2分。

（2）对当月未提出成果项目、同时未推广应用项目的处室，下月绩效考核酌情扣分。

××培训中心工会

××××年××月××日

××市总工会开展全方位技能竞赛，推动科技创新和高质量发展

1. 县域高速公路"能通全通""互联互通"工程劳动和技能竞赛

两项工程建设高速公路里程达1.3万多公里，投资2万多亿元，参建职工多、带动效应强，是造福区域人民的联通路、致富路、幸福路。在竞赛中，××市总工会组织数万名职工，在各建设工地营造红旗招展、你追我赶的火热竞赛场面，比工期比进度比质量，凝聚拼搏斗志、释放劳动热情，把工人阶级吃苦耐劳、无私奉献的优良传统发扬出来，促进工程按时高质量建成。

2.5G网络全覆盖劳动和技能竞赛

这是服务新基础设施建设的一个重要抓手和切入点，与传统基础设施竞赛不同，在5G网络建设竞赛中，将把竞赛的重点更多地放到组织职工围绕工程实施的关键技术和建设运用难点，积极开展合理化建议、技术革新、技术攻关等职工创新创效竞赛上，推动5G网络早日走进千家万户，促进数字经济快速发展。

3. 湖泊保护治理劳动和技能竞赛

从2019年起，在湖泊保护治理工程建设中开展了多项劳动竞赛，2020年又推动竞赛向重点水资源保护、防治水污染、改善水环境、修复水生态、执法监督检查等方面深化，把广大职工的力量发动起来，全力践行"绿水青山就是金山银山"的绿色发展理念，让水更干净更清澈。

4. ××江流域水电工程劳动和技能竞赛

××市总工会与相关总工会和单位一道，自2015年就启动了××江流域水电工程竞赛，这项竞赛涉及多个巨型水电工程，施工难度大、技术要求高，紧紧围绕实现习近平总书记提出的"真正的大国重器，一定要掌握在自己手里"的殷殷嘱托开展竞赛，取得了良好成效。2020年6月，××水电站首批机组投产发电。下一步，将以此为激励，持续开展好竞赛，发挥标杆作用，示范带动各工程参建职工坚持新发展理念、勇攀科技新高峰，努力打造精品工程、更好造福人民。

5. ××新区劳动和技能竞赛

这项竞赛是××市总工会首次开展的区域性劳动竞赛，于2019年启动。在竞赛中通过区域性工建联席会议制度，为不同建设项目、不同隶属关系的重点工程参建单位搭建起互相学习、互相促进的竞赛平台，取得显著成效。2020年，将继续组织某某新区劳动竞赛，范围拓展到民航、轨道交通等窗口服务行业，这也是××市总工会牵头的劳动竞赛首次在服务行业开展，进一步助力新区打造对外良好新形象，加快构筑开发开放新高地的重要举措。

合理化建议活动流程

📐 图示

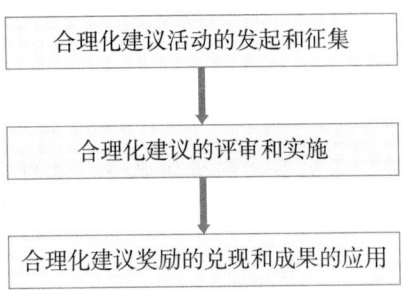

🔍 图示解说

1. 合理化建议活动的发起和征集

前期工作主要是合理化建议活动的发起、征集工作。搞好前期的发起、征集工作的关键是明确主攻方向。因此，要运用各种形式进行宣传，使职工了解企业发展的近期目标和远景规划，生产经营中的难点、重点等，有的放矢地征集群众的建议，调动职工提合理化建议的主动性、积极性。

合理化建议的征集方法应灵活多样，实用有效。综合各地的实践经验，主要的征集方法有：

（1）竞赛激励法。把合理化建议活动纳入劳动竞赛，开展合理化建议专题竞赛活动。

（2）定时活动法。以开展合理化建议月、建议周、建议日等活动的方式，集中时间，发动职工提合理化建议。

（3）目标管理法。提出合理化建议目标值，作为企业经营管理目标之一，与经济责任制挂钩，层层分解落实，严格考核，保证实现。

（4）现场服务法。企业管理人员与领导人员深入现场，面对面地向职工征集合理化建议，为职工提建议提供更方便的条件。

（5）会议征询法。召开各种会议征集合理化建议，为职工提供提合理化建议的机会与场所。

（6）定向引导法。针对工作业务、生产技术和经营管理中的难题，提出合理化建议的方向或课题，引导职工瞄准目标献计献策。

随着计算机的普及应用，有的单位还利用计算机网络征集合理化建议，实现了活动经常化。

2. 合理化建议的评审和实施

中期工作主要是合理化建议的评审、实施，主要包括申报、登记、传递、评审、答复、实施、鉴定、表彰等环节。这是科学性和政策性很强的工作，也是搞好合理化建议活动的关键。

（1）申报。凡提出合理化建议者，首先要填写合理化建议申报表，将建议的理由、改进的方法和措施、预期的效果等填写清楚，然后送交本单位负责合理化建议工作的部门和人员。

（2）登记。负责合理化建议工作的部门和人员把征集上来的建议进行分类登记，符合条件的作为建议立案，提出初审意见后，传送到归口部门。

（3）评审。归口部门接到建议后，组织有关专业人员对建议逐条进行可行性分析，论证建议价值，作出采纳与否的决定。已采纳的项目交给有关单位组织实施；未采纳的项目，及时将情况反馈给建议者本人。如本人有不同意见，是否重新评审酌情而定。

（4）实施。合理化建议项目的效益，很大程度上取决于实施率的提高。对被采纳的项目建议，实行分级管理实施制度。属于简易的小改小革项目，企业提供条件，先在班组进行，班组无力实施的再到车间以至分公司实施；重大的建议和较大的革新项目，由公司编制实施计划，责成有关部门负责实施，限期完成；有些重大项目实行技术承包，组织工人、技术人员和管理人员进行联合攻关，充分发动能工巧匠等骨干予以实施。本单位独立完成有困难的，可通过与外单位合作或向技术市场招标的方式予以实施。那些构思设想好，但措施办法不完善的项目，可组织力量帮助建议者进行补充完善，创造条件，争取实施。对于有价值但暂时没有实施条件的项目，要作为技术储备妥善保管，待时机成熟时再行实施。

3. 合理化建议奖励的兑现和成果的应用

后期工作是指合理化建议奖励的兑现和成果的应用。及时兑现奖励有利于调动和保护职工的积极性和创造性，而应用成果则使合理化建议的价值最终得以实现。

（1）合理化建议的奖励

对于合理化建议的奖励标准和奖励等级，国务院在1986年修订发布的《合理化建议和技术改进奖励条例》中有明确的规定：

①可直接计算经济效益的合理化建议，主要以经济效益大小作为奖励等级的标准。合理化建议经济效益的计算，按《合理化建议和技术改进奖励条例实施细则》规定执行。

②难以计算经济效益的合理化建议，诸如有关企业管理、产品质量、安全技术、环境保护等方面的合理化建议，其奖励标准和奖励等级，按照《合理化建议和技术改进奖励条例实施细则》规定，以解决问题的重要性、应用范围、进步水平作为奖励标准，用评分方法决定奖励等级。

③一些具有特殊情况的合理化建议的奖励标准和计算：

作为技术储备的合理化建议项目，可以在该条例规定的第五等级的限额内酌情给予奖励；如以后投入实际应用，可以直接按应用后的经济效益大小，评定相应的奖励等级。

实施若干年后才能一次见效的项目（如建筑工程），预先估算节约或创造价值的总额，除以实际年限，作为项目的节约或创造价值，给以计奖。

对经济效益和社会效益都很显著的合理化建议，可先按可计算经济效益的项目和难以计算经济效益的奖励标准分别评定奖励等级和金额，然后择其等级、金额高者发奖。

对年节约和创造价值较小以及提高单项工作效率和质量经过验证有明显效果的项目，可酌情发给一定数额的奖金。

合理化建议奖励实行物质奖励和精神鼓励相结合的原则。根据建议者的贡献大小，分别进行记功、表彰，并将其业绩记入档案，作为评选先进、考核晋级、评定职称的依据。

随着社会主义市场经济的发展，企业已真正成为市场主体，对合理化建议的奖励早已突破1986年国务院发布的《合理化建议和技术改进奖励条例》的规定。如对作出显著成绩的建议者，有的企业奖励汽车、住房、企业股份等。总之，在市场经济条件下，对于在合理化建议活动中作出贡献的职工，应该视其创造效益的多少进行奖励，贡献突出的就应予以重奖。对合理化建议活动的组织者，也应视其业绩给予适当奖励。

（2）合理化建议成果的推广应用

凡采纳实施后取得显著效果并有推广价值的合理化建议，应及时组织交流推广，具备申请专利条件的应申请专利。能构成技术商品，有社会推广价值的成果，应使之进入技术市场，进行有偿转让，转化为生产力。暂时难以实施的，要认真妥善处理，按程序审查后，及时纳入技术档案，待条件成熟后应及时实施。在推广应用成果的同时，也要重视对活动自身经验的总结，不断创新合理化建议活动，推动合理化建议活动的深入发展。

注意事项

1. 明确合理化建议的内容

按照1986年国务院颁布的《合理化建议和技术改进奖励条例》中的定义，合理化建议指的是"有关改进和完善企业、事业单位生产技术和经营管理方面的办法和措施"。

根据《合理化建议和技术改进奖励条例》的规定，合理化建议的内容包括：

（1）工业产品质量和工程质量的提高、产品结构的改进、生物品种的改良和发展、新产品的开发。

（2）更有效地利用和节约能源、原材料，以及利用自然条件。

（3）生产工艺和试验、检验方法，劳动保护、环境保护、安全技术、医疗、卫生技术、物资运输、储藏、养护技术以及设计、统计、计算机技术等方面的改进。

（4）工具、设备、仪器、装置的改进。

（5）科技成果的推广，企业现代化管理方法、手段的创新和应用，引进技术、进口设备的消化吸收和革新。

除上述五条外，原国家经委和全国总工会1986年制定的《合理化建议和技术改进奖励条例实施细则》中规定：凡在企业、事业管理的组织、制度、方法和手段等方面提出带有改进、创新因素的办法和措施,经实施后对提高企业素质、管理效能、经济效益或社会效益有明显作用和成效者,均可视为合理化建议的内容。包括:

(1)在管理理论、管理技术上有创见,对提高生产经营管理、科研、教学设计水平,提高经济效益和社会效益有指导作用。

(2)在管理组织、制度、机构等方面提出改革办法和改进方案,对提高工作效率和企业、事业单位的应变能力或服务能力有显著效果。

(3)应用国内外现代化管理技术和手段,取得经济效益或社会效益。

随着合理化建议活动的不断发展,其内容涉及的范围将越来越广,各行业和企事业都有自己的特点,应当结合实际情况予以充实和丰富。

2. 完善合理化建议活动的组织领导

在全国范围内,合理化建议活动的组织和日常领导工作由全国总工会负责,国务院有关部委在指导活动的重点方向、完善和督促落实奖励政策以及配合采纳实施建议项目等方面与工会密切配合,协同工作。1990年全国总工会和国家计划委员会联合下发文件,成立了全国合理化建议和技术活动领导小组,1996年全国总工会、国家经贸委将领导小组更名为全国合理化建议和技术改进活动工作委员会。各省、自治区、直辖市都建立和健全了相应的组织领导机构。企事业单位合理化建议的组织领导机构,由企事业单位的行政、工会和有关部门的负责人员组成。大中型企业设合理化建议委员会或评审委员会，大中型企业的分厂、车间和小型企业设合理化建议领导小组或评审小组。有些车间和班组设兼职合理化建议员。

3. 加强合理化建议活动的管理

建立健全合理化建议活动的管理制度，是合理化建议活动深入持久开展的制度保证。国务院1986年修订发布的《合理化建议和技术改进奖励条例》以及原国家经委会同全国总工会同年制定的《合理化建议和技术改进奖励条例实施细则》是开展合理化建议活动的政策依据。同时，企业有必要结合本单位实际，制定行之有效、便于操作的《实施办法》或"管理规范"，使合理化建议活动有章可循。与此同时，还必须建立健全必要的规章制度，如分工负责的责任制度、分级处理的工作制度、成果鉴定与信息反馈制度、检查总结与评比考核制度、数据资料统计上报制度、评审奖励制度和跟踪监测与成果推广制度，等等。通过制定一系列规章制度，形成上下衔接、横向协调的管理网络，保证活动的正常开展，提高活动成效。

4. 合理化建议内容要客观、真实、具体

提合理化建议是一个思考突破的过程，是一个实践成才的过程，是一个提高综合分析认知能力的过程，也是一个改善心智模式的过程。在组织职工提合理化建议的前提下，要注意引导职工学会仔细观察，学会调查研究与分析，

学会收集与掌握相关的资料，并注意把握以下几点：

（1）合理化建议一般应符合公司与上级的一些相关规定，应针对公司的重点、疑点、难点问题提出，应是本公司经营管理、科技创新、安全生产和后勤工作范围之内的事情，应具有一定的价值和可操作性。

（2）充分收集数据资料和做好调查研究工作。一项建议要有详细的数据资料作为建议理由，证明其有应改善之处、能够创造效益，提出建议时需要拿出具体的改善措施。应具有客观性、具体性，即要把所发现问题的现状真实地反映出来，必要时以事实和数据说话。

（3）要避免闭门造车。毕竟个人的认识水平有限，向上级、同事以及外界朋友寻求帮助可以弥补这种缺陷，借助集体智慧可以提出更有价值性的建议。

5. 重视"五小"的问题

小发明、小创造、小革新、小设计、小建议活动（简称"五小"活动）是工会的一项传统工作，是"当好主人翁、建功新时代"主题劳动和技能竞赛的重要内容，是推动产业工人队伍建设改革、提高职工技能素质、培养大国工匠的重要抓手。"五小"活动要坚持以职工为中心，夯实活动的群众基础；围绕生产经营的重点和难点，紧密结合岗位实际。要引导职工充分认识技术创新的重要性，充分认识"改善改进也是创新"，树立"时时可创新、处处可创新、人人可创新"的理念，激发职工创新潜能。要从发现问题入手，立足一线岗位、解决一线问题。重点围绕提升产品、服务、工程质量和效益，改造落后的技术设备、不合理的工艺和过时的操作方法，推动节能降耗、污染防治、生态环境保护，促进劳动安全和职业健康。要创新"五小"活动方式方法，按照建设"智慧工会"的要求，运用"互联网+"、移动客户端、大数据、云计算等现代化手段组织开展"五小"活动，增强活动的先进性、便利性和趣味性。在活动中设置形式多样、职工喜闻乐见的比赛项目，设立创新看板等可视化载体，增加活动的"赛味"，使活动更具吸引力和感召力。

范例

××公司关于组织开展"我为增收节支献良策"
合理化建议征集活动的通知

各单位并工会：

为充分调动广大干部职工的积极性、创造性，确保今年经营目标的顺利完成。经研究，决定在全公司范围内大力开展"我为增收节支献良策"合理化建议征集活动。现将活动有关要求通知如下：

一、活动主题

坚持改革创新，增强职工攻坚克难意识，以"增收节支、节能降耗、挖潜补欠、消灭故障、经营稳定"为目标，通过组织开展"我为增收节支献良策"合理化建议征集活动，激发和调动广大干部职工爱岗敬业的热情，鼓励立足岗位，结合实际，踊跃献计献策，确保全年各项经营目标的顺利实现。

二、组织机构

为加强对活动的组织领导，确保"我为增收节支献良策"合理化建议征集活动的质量和预期效果，由合理化建议技术改进活动领导小组具体负责活动的组织、协调、评比、奖励。

三、内容要求

1. 本次"我为增收节支献良策"合理化建议征集活动主要以加强管理、增收节支、技术创新、节能降耗、挖潜提效、改进服务、拓展新的经营思路为目的。合理化建议内容包括：管理、服务、经营思路和方法的改进；各种工作流程、规程的改进；营销、市场开拓的建议；增收节支、挖潜降耗的建议；加强安全生产和创新发展的建议；加强企业文化与职工文化建设的建议；加强政治思想工作和凝聚力的建议及其他任何有利于改革、发展和安全稳定的改进事项。

2. 要求建议具体、有创意，切合实际，操作性强，条理清晰，语言简练，内容清晰明确，能解决企业实际工作中的具体问题。同时，建议要紧密结合公司、分公司、本部门、本岗位的实际，致力于强化公司的竞争力。

3. 职工提合理化建议需填写合理化建议登记表。登记表主要记载事项：建议名称；建议人姓名、部门、职务；建议日期；建议原因或理由；建议方案或措施；其他需说明事项。

四、活动方式

本次"我为增收节支献良策"合理化建议征集活动主要采取课题攻关和职工建议两种形式进行，即由有关业务管理部门提出攻关课题向全公司公布，各单位要组织广大干部职工，结合本单位、本部门、本工作岗位实际选择有关课题攻关。运用合理化建议的形式，提出好的、切合实际的解决方案，以达到增收节支、节能降耗、增运增收、安全稳定的目的。

五、方法步骤

"我为增收节支献良策"合理化建议征集活动在职工踊跃献计献策、普遍选择课题和开展调研（要求提出书面合理化建议）的基础上，各分公司将所征集到的合理化建议技术改进项目进行汇总，并上报"合建办"。"合建办"根据上报的合理化建议内容、措施、办法及技术改进工作程序，对征集的项目进行整理、分析、汇总，提交合理化建议技术改进评审委员会进行研究，确定实施并对部分较好的合理化建议进行表彰奖励。

六、评比表彰

1. 各分公司、车间至少上报合理化建议30条。公司"合建办"在活动结束后将对各单位报送情况进行通报，并进行组织奖和项目奖的评选。

2. 本次活动拟设合理化建议奖一、二、三等奖各两个；技术改进建议奖一、二、三等奖各两个；并设立优秀组织奖三个。

七、几点要求

1. 高度重视。各分公司各部门要高度重视，引导广大干部职工深刻认识和理解开展"我为增收节支献良策"合理化建议征集活动的重要性，切实树立增收节支，节能降耗的思想，让节俭意识深入人心。

2. 加强领导。要结合本职工作和生产实际，对活动统一领导、统筹安排，有组织、有重点地开展工作。同时，各分公司和业务部门要做好活动的策划和组织，并对活动的开展进行检查指导，及时发现问题和解决问题，确保活动的顺利进行。

3. 宣传造势。各分公司工会要广泛进行宣传，积极发动广大干部职工参加，努力营造"人人踊跃参与、个个献计献策"的良好氛围，激发职工主人翁精神，为推进年度目标任务作出自己应有的贡献。

4. 认真组织。各分公司要强化干部职工的"增收节支，节能降耗"意识，积极调动广大职工群众的积极性，特别是技术管理人员的积极性，积极投入"我为增收节支献良策"合理化建议活动中去，提出切实可行的合理化建议。

5. 抓好实施。各分公司征集活动要结合"节能降耗、修旧利废、控支出、降成本、低损耗""减少设备故障、消灭事故隐患"等内容，组织开展一系列具有针对性、实效性、功效性的合理化建议和技术改进活动。对于好的、有实用价值的合理化建议和技术改进项目要积极采纳，切实做好实施推介工作。对具有推广价值并对增收节支，节能降耗工作有利的合理化建议和技术改进项目要及时上报，以尽快推广实施。

6. 及时报送。各分公司工会要及时将所征集到的合理化建议技术改进项目进行汇总，并于11月底前上报"合建办"。

××公司工会

××××年××月××日

附件：

合理化建议项目登记表

年　月　日

建议名称	
建议人姓名	建议人单位
建议人职务	建议时间
建议事项原因或理由	
建议解决方案或措施	
合理化建议办公室（总工室、工会）处理意见	
建议处理落实情况	
其他需说明事项	

××分公司合理化建议技术革新措施

为推动年度合理化建议活动规范、深入开展，特制定以下措施：

1. 进一步做好宣传发动工作。充分利用微信、班组园地等宣传阵地，采取班组点名会等多种形式进行宣传合理化建议技术革新的措施，使大家明白开展活动的目的和意义，深入人心。

2. 各班组要结合工作实际，组织广大干部职工提报合理化建议和技术改进项目，并对其先进性、可行性、效益性及时进行研究。

3. 突出重点。要结合班组特点，突出特色，在确保质量的基础上，要以增收与客户满意为主线，以节能降耗为主攻方向，组织全员人人提合理化建议。要注意调动积极性，动员和组织职工在强化管理、增盈提效、节能降耗上献计献策，建功立业。

4. 注重实效。班组开展活动要重在全员、重在成果、重在实施、重在提高经济效益，把主要力量放在合理化建议和技术改进项目的采纳实施上，确保实施项目的人力、物力、财力落实到位，取得实效。

5. 命名表彰。为调动广大干部职工参与活动的积极性，激发创新意识，对在活动中征集的合理化建议技术改进项目和成果，按照有关规定上报上级主管部门，并对本次活动中评选出的优秀班组和先进个人予以表彰奖励。

6. 在落实分工负责的同时，要密切配合、加强协调。积极组织广大职工提合理化建议，立足岗位，踊跃参与，为分公司的改革、发展作出新贡献。

××公司合理化建议及技术创新活动实施细则

一、总则

1. 为深入持久地开展合理化建议及技术创新活动，把此项活动纳入经常化、制度化、规范化的轨道，特制定本细则。

2. 开展合理化建议及技术创新活动是全心全意依靠职工办企业，充分发挥其聪明才智的重要形式，也是确保安全、经营、效益进一步提高的重要途径。

3. 各级组织要进一步提高对合理化建议及技术创新活动重要性的认识，齐抓共管，促进公司的改革发展。

4. 合理化建议技术创新项目分企业改革、经营管理、安全生产、文明建设、工艺质量、技术创新、市场营销、职工教育、民主管理等内容。

二、组织及分工

1. 成立开展合理化建议活动领导小组。公司经理为组长，党委副书记、工会主席为副组长。成员：工会副主席、安全技术科长、劳人科长、公司办主任、职工技协办主任等。

2. 成立合理化建议活动领导小组办公室，负责合理化建议与技术创新评审工作，办公室设在职工技协，由技协主任任办公室主任，指定专职管理人员。

3. 各分公司成立活动小组，行政正职主抓，指定专人负责，明确职责范围，加强领导。

三、提报形式

1. 广泛动员。在职工全员参与的基础上，人人出主意、想办法，献计献策，攻克难关，确保各项经营目标的完成。

2. 合理化建议活动采用集中提报与日常提报相结合的方式，集中提报是以分公司为单位按职工人数，进行书面提报；日常提报是职工个人在局域网中按分类进行提报。

日常提报在时间上原则上全年任何时间均可，公司将在局域网上设立合理化建议专栏，并分板块进行提报，网上提报建议由各主管部门每季度进行一次审核、论证、立项，实施后参与年终评比。

四、评审制度

1. 合理化建议技术创新评审办公室对职工合理化建议做到及时处理，不积压、不拖延，对所采纳的建议经委员会研究通过后，三天内上报公司领导小组办公室。

2. 合理化建议活动采取"双轨制"，即属分公司范围的，由各分公司研究、立项、实施；属公司范围的，由公司召开合理化建议评审会议，进行审核、论证、立项，并组织实施推广。

3. 对职工所提的每一条建议无论采纳与否，都应条条有着落，件件有回音，建立台账对采纳的建议应登记造册。

4. 对公司内无法解决的，经论证向上级有关部门汇报。

五、命名表彰

1. 为调动广大员工参与合理化建议活动的积极性，激发大家为公司生产经营管理献计献策的创新意识，为中国制造走向中国创造做贡献，对在活动中征集的合理化建议、技术改进项目和成果，由公司合理化建议技术改进活动领导小组进行鉴定（验收）、评审和奖励。

2. 对在活动中作出突出贡献的班组、分公司和一线职工、工程技术人员参与"创新示范岗、创新能手"称号评比命名，并将本次活动的表现纳入年终"双文明"先进集体、个人的评比。

六、具体要求

1. 加强领导。各分公司要结合生产经营管理实际，对活动做到统一领导，统筹安排，有序推进，不搞花架子，严格质量，严格把关。

2. 突出重点。要结合各分公司的特色，组织全员人人提合理化建议、班班搞技术革新。要注重调动各级管理人员、技术人员和能工巧匠的积极性，动员和组织他们在强化管理、节能降耗上献计献策，建功立业。

3. 注重实效。要注重在全员性与广泛性上下功夫，注重在成果、实施与提高经济效益上下功夫，把主要力量放在对合理化建议和技术改进项目的采纳实施上，确保实施项目的人力、物力、财力落实到位，取得实效。

4. 齐抓共管。党组织要积极组织广大党员提合理化建议，充分发挥党员在活动中的模范带头作用；行政要发挥在活动中的主导作用，发挥管理和技术人员的中坚作用，并在人力、财力、物力上予以保证；工会组织要主动配合行政做好指导协调工作，动员和组织广大职工积极参与，充分发挥劳模和职工代表的骨干作用；团组织要号召广大团员青年发挥自己的聪明才智，立足岗位，充分发挥青年突击队作用。

5. 公司随通知下发分公司分解指标，任务完成较好被评为先进的给予表彰奖励；进展不好的取消年度集体评先资格。

6. 各分公司将本部门落实的具体办法，一周内上报公司合理化建议活动办公室。

7. 利用网络提报合理化建议，提报人须报真实姓名，建议内容及说明和预期效果要详尽,能够说明问题。

××公司党总支　××公司　××公司工会
××××年××月××日

职工合理化建议征集表

填表人信息		
姓名	联系电话 (手机及座机)	微信及电子邮箱
所在单位名称		
合理化建议信息		
建议名称		
当前存在的问题		
建议内容		
所在单位意见		
<div style="text-align:right">(盖章) 年　月　日</div>		

××公司工会"五小"竞赛活动实施方案

所属各单位工会：

为了激发全体职工的劳动热情和创造力，实现公司持续健康发展，根据集团总公司工会安排，公司工会决定在全公司开展职工"小发明、小创造、小革新、小设计、小建议"竞赛活动。为保障活动顺利开展，特制定本实施方案。

一、竞赛内容

以"五小"为主要内容，结合企业特点和实际，注重发挥职工（劳模）创新工作室在科技创新方面的引领作用，开展技术攻关、提高生产效率、降低成本消耗、强化内部管理、促进企业发展、推动经济转型。

1. 围绕产品的升级换代进行发明、革新和设计，并应用于生产实际，推进技术进步，提高本单位生产经营管理水平，为企业创造显著经济效益。

2. 研究解决制约本单位生产和发展中的热点、难点和关键问题，提高劳动生产率，为单位发展创造有利条件。

3. 对落后的技术设备、不合理的工艺和陈旧的操作方法进行革新、改造或提出建议，促进生产技术和生产方式的转变，对提高单位经济效益和社会效益产生直接影响。

4. 针对降低消耗、节约能源资源、减少污染进行革新、改造或提出建议，有效地降低生产成本，提高单位文明生产和安全生产水平，取得明显成效。

5. 在改革提升企业管理水平，改善经营管理模式，加强企业民主管理和企业文化建设等方面提出合理化建议，实现企业、职工、社会三方共赢。

二、参赛范围

公司所属各单位。保证活动有基地、有项目、有载体、有效果。

三、组织领导

为加强对竞赛活动的组织领导，公司成立"五小"竞赛活动领导小组，负责公司"五小"竞赛活动的组织实施。

组长：×××；成员：×××　×××

领导小组下设办公室。

主任：×××；成员：×××　×××

各单位要成立相应的活动领导小组，负责组织本单位"五小"活动的开展、评审、推荐、上报等工作。

四、实施步骤

竞赛活动分四个阶段进行：

1. 宣传发动阶段

各单位要成立活动领导小组，从本单位实际出发，制订具体的竞赛活动实施计划，明确竞赛目标，分解竞赛任务，落实竞赛责任，营造竞赛氛围，并将活动方案报公司领导办公室。

2. 摸底调查阶段

公司组织相关人员，深入基层进行摸底排查，确定参赛项目、班组，做到心中有数、指标明确，任务到组、到人。

3. 组织实施阶段

基层各单位要制定月度工作安排，每月上报活动情况。

公司领导小组办公室加强督查和指导，每季度检查，了解和掌握活动开展情况。

4. 考核评选阶段

各单位推荐不少于1项，公司领导小组办公室将组织有关专家和人员进行评选，公司工会将对优秀成果进行表彰奖励，并择优向上级推荐申报。

五、申报条件

1. 2020年××月至××月期间围绕生产和工作完成（或主要负责完成）的"五小"创新项目，已产生一定经济效益或社会效益的，均可参加评选。

2. 立项的"五小"攻关项目要力求创新，注重原创，能有效促进目前生产经营各环节的技术、管理进步和科技含量，提升企业核心竞争力，打造有自主知识产权的产品和技术。

3. 评选类型。从生产实际、技术技能革新、创新和创意出发，着重体现一线员工的绝招、绝技和绝活。对申报成果分为：

（1）设备类：对技术设备进行革新和改造，对提高效率与安全有一定价值的。

（2）工艺类：改进生产工艺流程和操作方法，对产品质量、产量的提高有较为显著成效的。

（3）成本与管理类：围绕降低能耗、节约原材料进行革新、改造，对降低成本有明显作用的；在企业管理（人、财、物、信息等）方面进行改革、调整，对提高经济效益有较大促进，并被采纳为合理化建议的。

(4)环保与节能类:围绕环保、卫生、居住环境和生活节能等方面(包括水、电、热、能等方面成果),对企业生产或职工生活有明显环保、节能效果的。

(5)其他未含类型。

六、其他

1. 加强宣传,营造良好氛围。要通过会议,利用板报、网络等多种宣传媒介对活动进行宣传,让职工了解活动的内容、目的和开展机制,营造良好的活动氛围,从而有力地激发职工学技术、创业绩的热情。

2. 突出"五小"内容。重点围绕"五小"内容开展劳动竞赛,凡是国家、省、市、县立项并有专门经费的重大科研项目或科研中心专项课题不参与竞赛活动评审。

3. 凡对管理流程、操作技术和设备性能进行革新、改造的"五小"攻关项目,应严格遵守国家和企业颁布的各类技术标准、安全规章、操作规程和管理制度。

4. 申报成果所涉及数据应力求真实、准确;可以附加配套材料。配套材料力求完整,包括内容翔实、简洁明了的文字说明、报表、图纸说明书、图片及有关部门的鉴定书等。

创新工作室创建流程

图示

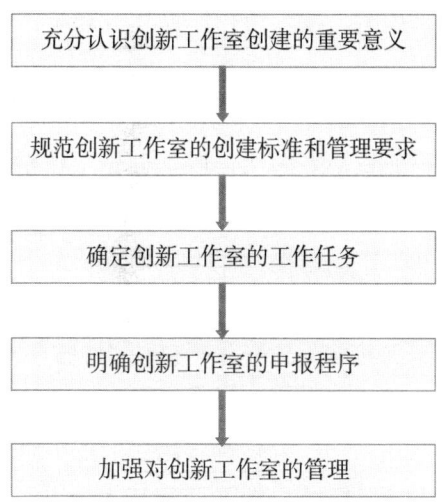

图示解说

1. 充分认识创新工作室创建的重要意义

创建创新工作室是贯彻落实党的全心全意依靠工人阶

级根本指导方针的具体体现。工人阶级是先进生产力和生产关系的代表,全心全意依靠工人阶级指导方针必须贯穿到各项工作的全过程,落实到生产经营管理的各个方面。深入开展职工创新工作室创建活动,保持和发扬劳模先进性,引导广大职工焕发主人翁精神,发挥主力军作用,对于企业转型升级、高质量发展与提高核心竞争力有着巨大作用。

创建创新工作室是增强企业自主创新能力,提高企业核心竞争力的积极探索。职工创新工作室围绕解决企业生产、经营、管理中的重点、难点问题,开展技术革新、发明创造、技术攻关、技术协作,提高劳动生产率和经济效益;围绕提高企业自主创新能力,搭建职工创新平台,转化职工创新成果,凝聚职工创新智慧,引导职工开展创新活动,增强企业核心竞争力。职工创新工作室在提升企业科技创新能力和产品市场竞争能力方面发挥着重要作用。

创建创新工作室是提升职工队伍素质的有效途径。实施创新驱动发展战略,需要一支高素质、高技能的职工队伍。目前我国高技能人才短缺,已成为制约经济社会持续发展和产业升级的"瓶颈"。通过创建职工创新工作室,围绕提高职工队伍素质,开展师徒帮带、业务培训和技术交流,营造人人皆可成才、人人尽显其才的浓厚氛围,在创新实践中为企业培养高技能人才、能工巧匠和创新骨干,为企业的发展提供人才支撑。

2. 规范创新工作室的创建标准和管理要求

创新工作室创建活动主要在企事业单位开展,凡拥有一定专业技术水平的市级以上劳模、省级以上五一劳动奖章获得者、高级及以上职业技能资格等级的高技能人才的企事业单位，都要积极建立创新工作室。

各级工会要建立、完善创新工作室活动开展和创新成果宣传推广的工作机制，精心打造创新工作室的品牌，推动创新工作室创建活动的深化发展，不断取得丰硕成果。

创新工作室主要有劳模创新工作室、高技能人才创新工作室两种形式。

（1）劳模创新工作室应以在技术创新方面有特殊贡献，并受到市级及以上表彰的劳模或先进人物名字命名。劳模创新工作室可以由一名或若干名劳模（先进人物）组成，也可以由劳模（先进人物）和若干名职工组成。

（2）高技能人才创新工作室应由在技术革新、技术攻关和技术改造等方面有技术专长与理论水平的具有高级及以上职业技能资格等级的高技能人才领衔成立，在一定范围内承担技能培训、技术革新等工作任务。

创建创新工作室原则上应达到以下标准：

（1）标志明显。创新工作室牌匾、组织机构、人员组成、工作职责、目标任务等标志显著，位置醒目。

（2）场所规范。创新工作室有适当面积的固定办公活动场所，可供办公学习、研究和成果、荣誉展示。

（3）设施齐全。配备必要的专业资料、器材工具、信息网络、办公设备、实验仪器等设施。

（4）制度完善。活动开展、学习研究、技术攻关、成果转化、奖励激励、内部管理等制度完善、规范。

(5) 经费保障。创新工作室所在单位设有专项经费用于开展技术攻关和创新活动。

(6) 台账翔实。创新活动有准确、翔实的资料。创新工作室有成员档案,有能全面反映工作室工作流程和工作状况的资料,有工作计划、工作目标、近期创新项目、创新成果、活动记录等相关资料。

(7) 成效明显。围绕本单位生产实践开展技术攻关等取得明显的经济和社会效益,并做好创新工作室创新成果的推广应用工作。

3. 确定创新工作室的工作任务

发挥示范带动作用。负责创新工作室成员的培养指导,带头深化"创建学习型组织、争做知识型职工"活动,积极开展技能竞赛、"五小"和名师带徒等活动,发挥创新工作室在职工技术创新工作中的示范带动作用。

做好创新基础工作。负责建立健全创新工作室各项规章制度,做好日常管理工作。根据本单位实际需要,开展技术创新、管理创新、服务创新和技术培训、技术交流、成果推广转化等活动。

积极开展创新活动。负责创新工作室年度创新项目的立项申报,承接自主立项及本单位、上级下达或横向协作的创新项目,组织工作室成员开展课题研究和攻关,配合工会和创新项目专业管理部门做好项目评估、验收、总结、成果启用及管理服务等工作。

提升创新创造能力。把创新工作室打造成为推动全员创新、持续创新，提升企业核心竞争力和可持续发展水平的重要阵地。围绕企业产品质量、安全生产、经营管理、优质服务等方面的重点难点问题积极开展技术攻关、发明创造、管理创新。

4. 明确创新工作室的申报程序

创新工作室由各基层工会每年向上级工会申报。申请需上报的材料通常包括以下方面：

（1）职工创新工作室申报表一式三份。

（2）所在单位的推荐材料。内容包括该工作室近年来的工作内容、研究项目和取得的成绩，设立工作室后的工作计划和工作目标等。

（3）工作室的工作制度、管理办法和组织机构。

（4）反映该工作室近年来的工作内容和成绩的照片，有条件的可提供相关视频。

（5）其他必要的材料。

上级工会对照创建主体的有关规定和创建要求进行审核，并实地考察。对经审核、考察具备创建条件的劳模先进创新工作室，由上级工会签署意见，正式命名。对经批准成立的劳模先进创新工作室，由上级工会为其授牌。

5. 加强对创新工作室的管理

创新工作室创建活动是促进经济社会发展、培养创新型人才和高技能人才的重要实践活动，各级工会要认真做好协调和组织工作，联合人力资源、科技等相关部门成立创建活动领导小组,加强工作指导,创造工作条件,努力形成党委领导、行政支持、工会组织、高技能人才和劳模先进人物挂帅、广大职工踊跃参与的创建工作新格局。

工会组织要关心创新工作室成员的成长进步,保护创新工作室成员的创新热情,在总结推广创新成果、推荐申报创新先进人物、"工人先锋号"、"工人先锋岗"、先进工作者、劳动模范和组织疗休养、考察交流、培训学习及进修深造等方面给予优先考虑。

工会组织要善于发现和宣传典型,对在创建活动中涌现出来的先进单位,要及时总结先进经验,加大宣传力度,全面推进创建工作。要广泛宣传创新工作室的工作业绩,营造浓厚的创建氛围,引导广大职工以典型为榜样,扎实工作,积极投身创新活动,并将创建活动深入持久地开展下去。

职工技协组织要积极帮助创新工作室转化创新成果,将创新成果及时应用到生产经营活动之中。创新工作室完成的科研和技术革新成果知识产权等归属问题按照有关法律法规执行。

创新工作室实行分级管理,一般由各级工会职工技术协作办公室负责管理。上级工会定期或不定期地对创新工作室进行检查或组织互查,对组织健全、活动正常、制度完善、创新成果显著的创新工作室给予表彰奖励,对活动开展不力、流于形式的创新工作室予以通报,直至摘牌。

注意事项

1. 加强领导,形成合力

工会组织要将创新工作室创建工作列入重要议事日程,

激励劳模、高技能人才、优秀职工为企业和经济社会发展作出更大贡献，引领更多职工成为适应全面深化改革和创新发展要求的高素质劳动者。坚持高起点规划、高标准建设，形成党政支持、工会组织、劳模、高技能人才和优秀职工挂帅、广大职工积极参与的工作格局。

2. 注重结合，相互促进

要把创新工作室建设与班组建设、创建"工人先锋号"、争当"金牌职工"、技术创新等活动结合起来，规范好现有的技能人才培养、技术创新等相关工作，做到资源整合、互利共享。

3. 有序推进，务求实效

增强创新工作室建设的针对性和实效性，加强对创新工作室的考核、验收、评比、表彰等管理和激励工作，促进创新成果的转化和应用，尊重和保护创新工作室的智力成果。

4. 总结宣传，推广经验

要把创新工作室打造成为新时代劳模工作和职工技术创新工作的重要品牌，打造成新时代建功立业的重要载体与平台，大力宣传创新工作室的先进经验。注重发现亮点、培育典型，充分发挥创新工作室的集聚效应、辐射效应、品牌效应，推进创新工作室建设健康发展。

范例

××市总工会职工技术创新工作室管理暂行办法

第一章 总 则

第一条 为激发全市职工的创新热情,组织职工为××市经济社会发展建功立业,促进企业创新及市域经济的高质量发展,依据市总工会《关于规范全市职工技术创新工作室创建工作的意见》,制定本办法。

第二条 创建职工技术创新工作室活动是我市工会开展群众性经济技术创新活动新的形式,是落实习近平总书记关于工会和劳模工作重要讲话精神的具体行动。通过弘扬劳动光荣、知识崇高、人才宝贵、创造伟大的时代新风,让每个职工有出彩的机会。

第三条 职工技术创新工作室(以下简称创新工作室)创建活动,是以知识技能拔尖的职工(主要是工人、专业技术人员、劳模)为带头人,以在技术、业务、管理、科研等方面有专长,有一定的理论水平、工作经验和创新能力的职工为创新团队,围绕生产经营管理活动,带动广大职工开展科技创新、管理创新、服务创新和机制创新,将先进技术、经验、方法和成果转化为生产力的技术创新活动。

第二章 条件、目标与任务

第四条 创新工作室的基本条件:

1. 有技术带头人；
2. 有创新团队；
3. 有工作内容；
4. 有创新项目；
5. 有创新成果；
6. 有场地经费。

第五条　创新工作室的工作目标：通过创建活动，努力成为单位的智囊团、岗位的创新源、项目的攻关队、人才的孵化器和团队的方向标，带动职工技术创新活动持续开展。

第六条　创新工作室的主要任务：积极围绕生产经营管理各个环节，开展群众性经济技术创新活动，培养创新型职工，增强核心竞争力。

第三章　创建与管理

第七条　各县市区总工会、产业工会、工会工委指导基层工会开展创建活动。基层工会要结合实际情况，创建创新工作室。基层单位党组织、行政等部门应大力支持工会开展创建活动。工会应担负起创建活动的主体责任。职工要积极主动参与到活动中来。

第八条　创新工作室创建标准：

1. 场所固定。有条件的单位可安排专门场所，无条件的可依托其他场所。
2. 标志明显。创新工作室牌匾应悬挂在醒目位置。
3. 设施齐全。配备必要的学习资料、器材工具、办公电脑、实验仪器等设施。

4. 团队优秀。人才济济，团队和谐，创新能力强。

5. 制度完善。建立组织制度、工作制度、奖励制度、管理制度等，并张贴上墙。

6. 经费充足。有专项经费用于创新活动开展。

7. 资料翔实。团队档案、组织机构、工作职责、工作目标、创新项目、成果转化等档案资料完整，并妥善保管。

8. 成效明显。职工素质提升快，成果转化率高，示范带动作用明显。

第九条 创新工作室工作内容：

1. 知识技能培训；

2. 导师带徒；

3. 合理化建议；

4. 技术攻关、难题会诊；

5. 先进工作方法总结推广；

6. 发明创造；

7. 成果展示、经验交流；

8. 其他职工技术创新活动。

第十条 创新工作室模式分三种：

1. 优秀工匠创新工作室（以创新型职工为带头人）；

2. 班组长创新工作室（以创新型班组长为带头人）；

3. 劳模创新工作室（以创新型劳模先进为带头人）。

第十一条 创新工作室规范命名为"职工技术创新工作室"或以带头人名字命名为"×××技术创新工作室"。

第十二条 创新工作室采取分级命名。分基层单位、县、市、省、国家级。市级每3年命名一次，每次命名20个左右。

第十三条　创新工作室创建遵循以下程序：

1. 申报。采取逐级申报的程序。基层单位对照创建标准自查，填写职工技术创新工作室创建申报表。

2. 审核。命名单位对照创建标准实地考察审核。

3. 命名。对经审核、考察具备条件的创新工作室，经命名单位同意，正式命名。

4. 授牌。对命名的创新工作室，由命名单位为其授牌。牌匾内容为"职工技术创新工作室"或"×××技术创新工作室"，下面落款为命名单位。

第十四条　创新工作室日常管理有专人负责。

第十五条　加强日常管理。创新工作室应制定管理办法，建立管理台账。

第十六条　检查考核。创新工作室对自身工作进行定期自检；所在单位工会要加强对创新工作室的管理和考核，考核情况于每年年底前报上级工会备案；上级工会每年要对本级命名的创新工作室进行考核，对符合条件的保留牌匾，不符合的予以撤销。

第十七条　创新工作室年度工作要进行总结。工作总结应包括开展的创新活动、项目进展情况、取得的创新成果、工作经验等内容。

第十八条　工会组织应加强对创新工作室的指导和服务，积极搭建交流平台，促进创新工作室相互学习交流，共同提高。

第四章 保障与要求

第十九条 职工创新是企业创新、社会创新的重要组成部分。工会组织要将职工创新活动列入工会工作重要议事日程，积极争取党政重视和支持，纳入技术创新和人才培养规划。

第二十条 创新工作室日常工作活动经费原则上由所在单位承担。要努力把创建创新工作室纳入单位创新体系，拨付专项经费用于开展活动。市总工会对命名的创新工作室一次性从工会经费中划拨资金，国家级3万元，省级2万元，市级1万元，支持其开展创新活动；所属县市区（产业）工会原则上也应给予不少于1万元的资金支持。划拨经费由所在单位工会管理，专款专用，公开透明。

第二十一条 关心创新工作室成员的成长进步，保护团队成员的创新热情，在评选劳模先进、组织疗休养、考察交流、培训学习和进修深造等方面给予优先考虑。

第二十二条 重视创新成果转化，及时将成果应用到生产经营管理活动中。创新工作室完成的科研和技术革新成果以及知识产权等的归属问题，按照国家法律法规执行。

第二十三条 开展职工创新成果评选表彰活动，每两年表彰一次，设立30万元职工创新成果奖励专项资金用于表彰奖励。

第二十四条 每年开展一次优秀创新工作室评选表彰

活动。会同市政府等有关部门对作出重大贡献的优秀创新工作室进行表彰，奖金不低于1万元。

第二十五条 要广泛宣传职工创新活动的先进事迹，总结推广创建活动中的成果和经验，大力弘扬职工创新精神，积极引导广大职工以典型为榜样，努力工作，锐意创新，为建设美丽富裕和谐城市做贡献。

第二十六条 工会组织要把创建创新工作室打造为工会工作的品牌项目，将创建活动深入持久地开展下去。

第五章 附 则

第二十七条 各县市区（产业）工会应参照本《办法》，结合实际，制定相应的管理办法，推动创新工作室创建活动广泛深入开展。

第二十八条 本《办法》自发布之日起实施，解释权属市总工会。

××××年度市级职工创新工作室申报表

表一 基本情况

负责人姓名		性 别	
出生年月		是否劳模	
学历		职称/技能等级	
电话		邮 箱	
工作室研究领域		工作室所在产业	

续表

工作室创建时间		是否曾被评为市级职工创新工作室	
工作室人数		工作室面积	
联系人姓名		电话	
手机		邮箱	
所在单位名称			
地址		性质	
联系人		电话	
工作室推荐单位			
推荐单位联系人		电话	
手机		邮箱	
工作室简介(500字左右、配相关图片)			
办公场所(可附页)	（此处为创新工作室平面图、功能划分图）		

	设备名称	型号	数量	主要功能
工作室主要设施设备清单(可附页)				

续表

	序号	项目名称	等级（国家级、省部级、市级、集团级和企业级等）	完成日期
工作室课题水平（已完成课题项目，可附表）	1			
	2			
	3			
	4			
	5			

	序号	姓名	出生年月	学历	职称/技能等级	所在部门	主要分工
工作室参与人情况（全部，可附表）	1						
	2						
	3						
	4						
	5						

表二　内部治理情况

规章制度	□管理制度□工作标准□组织结构图 □其他
考核培训	□学习培训制度□考核奖励制度 □参加职工技协培训 □其他
工作室资金投入	年平均资金投入＿＿＿＿＿＿＿万元（其中，本单位支持＿＿＿＿＿＿＿万元，外部资金＿＿＿＿＿＿＿万元，自筹资金＿＿＿＿＿＿＿万元，其他＿＿＿＿＿＿＿）
资金管理	□资金使用情况说明□资金管理办法 □其他

表三 业务活动情况

项目活动	□项目计划 □项目检查制度 按项目计划进度执行情况： （□正常执行 □局部未执行 □未执行） □项目总结 □达到效果 □其他
服务企业	××××年度工作室为社会和企业专业人员培训_____人次； ××××年度工作室提出创新建议_____条；其中被企业采纳_____条。
服务职工	□师带徒活动 □举办职工技能学习活动 为企业培养技术人员_____人。
对外交流	□参与国内外行业间交流
成果交流	□全国性交流 □行业间交流 □企业间交流 □无交流
成果宣传	□制作视频 □制作彩页 □媒体宣传

表四 创新成果情况

创新工作领域	□技术创新　□管理创新　□营销模式创新 □品牌战略创新　□其他
创新成果领域	□科技创新成果　□文化创新成果　□其他
成果及专利数量	年均完成创新成果_____项 年均申报专利_____项
成果质量	□科技项目成果奖共_____项 □专利成果奖共_____项 □群众性创新成果奖共_____项 □本行业领先水平共_____项
成果转化	□在行业内转化共_____项 □在企业间转化共_____项 □在企业内转化共_____项
成果管理	□成果管理制度　□成果材料

表五 经济及社会效益

企业效益	□解决企业热点、难点问题 □解决企业安全生产 □解决企业管理效率 □解决企业工作效能 □其他 年均为企业创造经济效益_____万元 上年度实现利税较创新成果实施前增加_____%
工作室效益	获得成果奖金_____万元。
工作室荣誉	（请写明获得荣誉时间、称号、级别、授予单位，可附表）
技术进步情况	（在社会技术进步、行业技术进步和企业技术进步方面取得的成绩，可附表）
提高管理效率情况	（在推动企业和工作室管理效率方面取得的成绩，可附表）
社会学术	（工作室创新成果在国际、国内期刊和会议上发表相关论文，注明时间、期刊/会议名称、论文题目和发表人，可附表）
文化传播	（为社会带来积极影响作用和为企业带来积极影响作用，可附表）
所在单位意见	推荐单位意见
（盖章） 年 月 日	（盖章） 年 月 日

填写说明：

1. 符合条件请打√；

2. 以上各项，请如实填写，提供相关说明、文件、图片、记录等有效的证明材料，否则无效。

××××年度职工自主创新成果申报表

一、基本信息

成果所在单位信息			
申报负责人	所在部门	联系电话（手机、座机）	电子邮箱
单位名称			
单位地址			
单位性质	（请选填：中央机关、事业单位、国有、合资、外资、集体、私营、其他）		
主管单位信息			
主管单位名称			
所属上级工会/科委			
联系人	所在单位及部门	联系电话（手机、座机）	电子邮箱

续表

完成人信息								
姓名	性别	学历	职业资格等级或技术职称	专业特长	联系电话（手机、微信、座机）	电子邮箱	劳模情况	职业身份
成果是否出自××市总工会认定的创新工作室								

二、成果项目列表

参展技术成果名称	参展形式		项目资料		是否推荐展示	附加评审材料						是否愿意参与成果交易	是否愿意推荐参加××市发明大赛
	展板	现场演示	图片资料（张）	视频时长（分钟）		产权专利	获得评价	成果应用	研发报告	获奖证书	转让证明	创效证明		
					是/否									

填写说明：

1. 每项创新成果可以同时通过展板、现场演示展出，请在相应的参展形式下打√；

2. 如果提供实物现场展示，请填写实物展示信息；

3. 在附加评审材料中打√的选项，须提供相应的证明材料（纸制和电子版，复印件需加盖公章）；

4. 此页表中最后一项，"是否愿意推荐参加××市发明大赛"，是指成果获奖后是否愿意继续参加××市发明大赛，愿意请填"是"，不愿意请填"否"，不填写默认为"否"；

5. 以下三四两项需每一个申报项目均填写的。

三、成果材料

参展成果名称	
项目起止时间	经济效益/节约资金（万元）

成果介绍：（内容主要从成果的创新性、先进性、实用性、科技含量、推广价值或效果、创造的经济效益和社会效益与获奖情况等方面详尽介绍）。
一、创新性
二、先进性
三、实用性
四、科技含量
五、推广价值或效果
六、创造的经济效益和社会效益
七、获奖情况
八、其他
（填写说明：请按照以上八个方面依次阐述，每项均需提供证明材料，不需阐述的项目请写"无"。利润和节资请如实填写并提供相应证明材料，若不填写视为"0万元"。）

续表

所属行业（填写序号及二级类目）：
1. 电子信息类：信息；电子；应用系统设计。 2. 交通类：铁路；公路；水运；航空运输。 3. 建筑类：建材；建筑；城市基础设施及房地产。 4. 服务类：金融；管理；农林业；水利；其他服务业；环境保护与资源节约综合利用。 5. 医药卫生类：医疗；卫生；药品研发；医疗器械研发。 6. 制造类：煤炭；电力；核能；石油、天然气；钢铁；有色金属；化工；机械；汽车；船舶；航空航天；轻工；纺织。

所在单位意见	推荐单位意见
（盖章） 年　月　日	（盖章） 年　月　日

填写说明：

1. 所属行业：如"1. 电子信息类—应用系统设计"。

2. 所在单位意见、推荐单位意见：请明确"同意申报"或"不同意申报"，并加盖公章。

四、宣传展板图文材料

参展成果名称	
展板材料：（200字以内，突出阐述创新成果的适用范围、实际应用情况和实际效益。照片另附，不要嵌入文档中，每张照片文件名为所提供照片内容注释）	

填写说明：

若同意获奖后参加展览请按照"申报材料内容及要求"填写本页。若不填写本页，视为不参加展览。

五、实物展示信息

展品实际尺寸规格(厘米)	
根据上述尺寸数量所需用地面积(平方米)	
配电需求(功率)	
灯光需求	
地面承重需求	
防水防晒设施需求	
配套人员需求	
布展时间要求(小时)	
电视、网线需求	
其他特殊需求	

填写说明:
本表只需填写能提供实物展示的项目。

附 录

新时期产业工人队伍建设改革方案

习近平总书记高度重视工人阶级,十分关心产业工人队伍建设,强调工人阶级是我国的领导阶级,必须坚持全心全意依靠工人阶级方针,把提高职工队伍整体素质作为一项战略任务抓紧抓好,推动建设宏大的知识型、技术型、创新型劳动者大军,充分调动一线工人、制造业工人、农民工的积极性和创造性。产业工人是工人阶级中发挥支撑作用的主体力量,是创造社会财富的中坚力量,是创新驱动发展的骨干力量,是实施制造强国战略的有生力量。为贯彻习近平总书记重要指示精神,适应新形势新任务新要求,进一步巩固党的执政基础,实施制造强国战略,全面提高产业工人素质,现就新时期产业工人队伍建设改革制定如下方案。

一、总体要求

(一)指导思想。高举中国特色社会主义伟大旗帜,全面贯彻党的十八大和十八届三中、四中、五中、六中全会精神,坚持以邓小平理论、"三个代表"重要思想、科学发展观为指导,深入贯彻习近平总书记系列重要讲话精神和治国理政新理念新思想新战略,围绕统筹推进"五位一体"总体布局和协调推进"四个全面"战略布局,坚持稳中求进工作总基调,贯彻落实新发展理念,适应把握引领经济发展新常态,按照政治上保证、制度上落实、素质上提高、权益上维护的总体思路,改革不适应产业工人队伍建设要求的体制机制,充分调动广大产业工人的积极性主动性创造性,为实现"两个一百年"奋斗目标、实现中华民族伟大复兴的中国梦更好地发挥产业工人队伍的主力军作用。

(二)基本原则

——坚持党的领导,把握正确方向。加强和改进党对产业工人的领导,坚持全心全意依靠工人阶级的方针,坚守忠诚党的事业、竭诚服务职工的责任担当,最广泛地把产业工人组织动员起来,为实现党和国家的目标任务建功立业。

——坚持服务大局,发挥支撑作用。牢牢把握为实现中华民族伟大复兴中国梦而奋斗的工人运动时代主题,着力提升产业工人的素质能力,通过辛勤劳动、诚实劳动、创造性劳动,推动经济社会持续健康发展。

——坚持以人为本,落实主体地位。维护社会公平正义,从解决产业工人普遍关心的突出问题入手,提高产业工人的经济、政治、文化、社会地位,实现体面劳动、全面发展。

——坚持问题导向,勇于改革创新。针对不同区域、不同行业、不同规模、不同所有制企业的不同性质和特点,因地制宜、因企施策,抓住重点和难点,破除束缚产业工人队伍建设的思想观念和体制机制,清障搭台,强化保障,积极稳妥推进改革,确保改革落地见效。

(三)目标任务。把产业工人队伍建设作为实施科教兴国战略、人才强国战略、创新驱动发展战略的重要支撑和基础保障,纳入国家和地方经济社会发展规划,通过改革,产业工人队伍不断壮大、综合素质明显提高,保障产业工人地位的制度更加健全,产业工人合法权益进一步实现,劳动光荣、技能宝贵、创造伟大的时代风尚更加浓厚,造就一支有理想守信念、懂技术会创新、敢担当讲奉献的宏大的产业工人队伍。

二、主要举措

(一)加强和改进产业工人队伍思想政治建设

1.强化和创新产业工人队伍党建工作。加大在产业工人队伍中发展党员力度,把技术能手、青年专家、优秀工人吸收到党组织中来,提高工人党员比例。适应新技术新业态新模式发展,探索不同类型企业党建工作方式方法,推进在非公有制企业、社会组织及小微企业就业的工人中发展党员的工作。大力加强企业基层党组织建设,推进"两学一做"学习教育常态化制度化,严格落实"三会一课"等党的组织生活制度,加强党员日常教育管理,发挥车间班组党组织的战斗堡垒作用和工人党员的先锋模范作用,不断增强产业工人先进性。

2.突出产业工人思想政治引领。加强理想信念教育,引领团结产业工人坚决拥护以习近平同志为核心的党中央,自觉践行社会主义核心价值观,坚定不移听党话、跟党走。

强化职业精神和职业素养教育，大力弘扬劳模精神、劳动精神、工匠精神，引导产业工人爱岗敬业、甘于奉献，培育健康文明、昂扬向上的职工文化，在精神文明建设中发挥示范导向作用。突出思想政治工作先导作用，制定加强和改进产业工人思想政治工作意见。加强法治教育，提高产业工人法律素养和诚信意识，引导产业工人依法理性有序表达利益诉求，坚决维护产业工人队伍团结统一和社会和谐稳定。

3. 健全保证产业工人主人翁地位的制度安排。适当增加产业工人在党的代表大会代表和委员会委员、人民代表大会代表、政协委员、群团组织代表大会代表和委员会委员中的比例，探索实行产业工人在群团组织挂职和兼职。健全协调劳动关系三方机制及政府和工会联席（联系）会议制度，落实以职工代表大会为基本形式的民主管理制度，推进厂务公开、业务公开，坚持企业在重大决策上听取产业工人意见，涉及产业工人切身利益的重大问题必须经过职代会审议，坚持和完善职工董事制度、职工监事制度，鼓励产业工人代表有序参与公司治理。

4. 创新面向产业工人的工会工作。坚持党建带工建，适应新时期产业工人队伍发展规模、内部结构、利益诉求、思想观念的新变化新特点，直面问题，自我革新，进一步改进工会组织体制、运行机制、活动方式、工作方法，创新国有企业工会工作，加强非公有制企业和混合所有制企业工会工作，保持和增强工会组织的政治性、先进性、群众性，把工会组织建设得更加充满活力、更加坚强有力，更好地发挥党联系职工群众的桥梁纽带作用、国家政权的重要社会支柱作用、职工利益的代表者维护者作用。

（二）构建产业工人技能形成体系

5. 完善现代职业教育制度。坚持面向市场、服务发展、促进就业的办学方向，加强职业教育、继续教育、普通教育的有机衔接，形成定位清晰、科学合理的职业教育层次结构。坚持产教融合、校企合作、工学结合、知行合一，适应经济社会发展需要，创新各层次各类型职业教育模式，紧跟产业变革和市场需求，优化专业设置、健全教学标准、更新课程内容，引导社会各界特别是行业企业积极支持职业教育，提高职业教育的针对性和实效性。制定校企合作促进办法，健全企业参与校企合作的成本补偿等政策，探索推进产教融合企业试点，打造足够数量和具备实践经验的高素质"双师型"职业教育师资队伍。组织开展各级各类创新创业教育，引导学生参与创业实践。加快发展技工教育，支持技师学院建设。

6. 改革职业技能培训制度。推进职业技能培训市场化、社会化、多元化改革，建立各类培训主体平等竞争、产业工人自主参加、政府购买服务的技能培训机制。强化和落实企业培养产业工人的主体责任，引导企业结合生产经营和技术创新需要，制定本单位技术工人培养规划和培训制度。依托企业、职业院校（含技工院校）、职业培训机构，建立现代化产业人才培养培训基地（中心）。推行国家基本职业培训包制度，构建助力产业工人学习的公共服务机制。

7. 统筹发展职业学校教育和职业培训。建立覆盖广泛、形式多样、运作规范，行业、企业、院校、社会力量共同参与的职业教育培训体系，促进学历与非学历教育纵向衔接连通、横向互通互认，搭建产业工人教育培训"立交桥"，将终身学习贯穿产业工人职业生涯全过程。鼓励名师带高徒，统筹规范现代学徒制和企业新型学徒制，推行学徒制培训。

8. 改进产业工人技能评价方式。优化职业技能等级标准，在政府指导下，由行业协会、龙头企业牵头开发职业标准和评价规范，完善职业技能等级认定政策。健全职业技能多元化评价方式，引导和支持企业、行业组织和社会组织自主开展技能评价。做好职业资格制度与职业技能等级制度的衔接。加大对技术工人创新能力、现场解决问题能力和业绩贡献的评价比重。加强面向非公有制企业、小微企业的职业技能鉴定。强化对技能鉴定机构的监督管理，提高服务水平。

9. 打造更多高技能人才。实施国家高技能人才振兴计划，创新协同培育模式，依托大型骨干企业建设示范性高技能人才培训基地，孵化拔尖技能人才，培育更多"大国工匠"。加快高技能人才专业市场建设，搭建高技能人才交流平台。鼓励企业设立高技能人才特聘岗位，对引进的高技能人才给予原单位必要的培养补偿费用。叫响做实"大国工匠"品牌。

10. 促进农民工融入城市、稳定就业。深入实施农民工学历与能力提升行动计划、农民工职业技能提升计划，帮助农民工特别是新生代农民工增加受教育培训机会，提高专业技能和胜任岗位能力。将农民工培养成为稳定就业的产业工人，公平保障其作为用人单位职工、城镇常住人口的权益，提供基本公共服务。

（三）运用互联网促进产业工人队伍建设

11. 创新产业工人队伍建设网络载体。按照国家信息化发展战略、"互联网+"行动计划，建立健全结构清晰、数据准确、动态管理的产业工人队伍基础数据库，运用信息化手段研判分析，及时准确掌握产业工人思想状况、生产生活、技术技能。加强网上思想引领、技术交流、创新成果展示、文化建设等，举办多行业、多工种网上练兵活动。

12. 打造网络学习平台。适应工业化、信息化融合发展要求，将促进产业工人终身学习纳入城乡信息化建设，加强集师资队伍、教育内容、传播渠道、受众群体为一体的网络公共学习平台建设，优化数字学习环境，满足广大产业工人个性化学习需求，提高产业工人有效应用现代信息技术的意识和能力。建设面向职工的新媒体矩阵，开展"网聚职工正能量，争做中国好网民"主题活动，培育积极健康、向上向善的网络文化，提升产业工人网络文明素养。

13. 推行"互联网+"普惠性服务。建设网上"职工之家"，加强与产业工人的网上互动交流，畅通产业工人诉求表达渠道，实现网上维权帮扶、提供公共服务等，让产业工人能在网上找到组织、参加组织活动。打造方便快捷、务实高效的服务产业工人新通道，提升网络服务产品的供给与服务能力,形成网上网下深度融合、互相联动格局。

(四)创新产业工人发展制度

14. 拓宽产业工人发展空间。改革企业人事管理和工人劳动管理相区分的双轨管理体制,实行统一的人力资源管理制度。打破职业技能等级与专业技术职务之间界限,实现有效衔接,改变技术工人成长成才"独木桥"现象。完善个人学习账号和学分累计制度,制定国家资历框架,推进非学历教育学习成果、职业技能等级学分转换互认。把优秀产业工人特别是高技能人才纳入党管人才总盘子统筹考虑,搭建产业工人职业成长平台。

15. 畅通产业工人流动渠道。健全公共就业服务体系,丰富就业服务内容,拓展服务功能,加强职业指导,完善就业信息服务制度,做好职业供求信息发布,促进产业工人合理流动,提高人力资源配置效率。

16. 创新技能导向的激励机制。建立健全培养、考核、使用、待遇相统一的激励机制,引导企业在关键岗位、关键工序培养使用高技能人才,提高相应待遇,实现多劳者多得、技高者多得。建立技术工人创新成果按要素参与分配制度,研究创新激励方式。完善国家级技术工人表彰奖项,形成以党和国家表彰为导向、企业和社会积极参与的产业工人表彰奖励制度。增加产业工人在各级各类劳动模范和先进代表等评选中的名额比例。

17. 改进劳动和技能竞赛体系。建立以企业岗位练兵和技术比武为基础、以国家和行业职业技能竞赛为主体、国内竞赛与国际竞赛赛项相衔接的劳动和技能竞赛机制。

深入推进重大战略、重大工程、重大项目、重点产业劳动和技能竞赛,积极开展各类技能大赛,完善劳动和技能竞赛组织、效能评估及激励机制等。

18. 加大对产业工人创新创效扶持力度。深化群众性技术创新活动,开展先进操作法总结、命名和推广。推动具备条件的行业企业建立职工创新工作室、劳模创新工作室和技能大师工作室,联合高等学校、职业学校和专业科研机构共建实验实训平台,探索创建跨区域、跨行业、跨企业的创新工作室联盟。开展全国职工优秀创新成果评选,适当增加国家科技进步奖推荐名额,鼓励和支持产业工人创新成果评选、展示,推动大众创业、万众创新蓬勃发展。

19. 组织产业工人积极参与实施走出去战略和"一带一路"建设。加强产业工人技能国际交流与合作。参加和举办有关国际性的产业工人技能交流活动,增进中外产业工人之间互学互鉴、友好交流。

(五)强化产业工人队伍建设支撑保障

20. 加强有关产业工人队伍建设的法治保障。推进修订职业教育法,研究技术资格方面的立法,依法保障产业工人接受教育和培训的权利。规范政府管理,督促企业提供技术技能培训,支持工会组织发挥监督作用。研究制定企业民主管理、集体协商等方面的制度,督促企业依法履行社会责任,保障产业工人与用人单位平等协商的权利,推进构建中国特色和谐劳动关系。

21. 完善财政投入机制。加大财政职业教育投入,加大就业专项资金对职业培训补贴的支持力度,改进补贴方式，合理确定补贴标准和补贴对象。落实职业技能鉴定补贴政策。将高技能人才队伍建设经费纳入各级政府人才工作经费预算，对参加技师、高级技师教育培训并获得职业资格证书或职业技能等级证书的产业工人，给予一定的培训费补贴。加强对各项投入和专项经费使用情况的绩效考评，提高资金使用效益。

22. 建立社会多元投入机制。落实完善鼓励企业、社会组织加大职业学校教育和职业培训投入的政策措施。落实企业职工教育经费，完善经费投入与监督制度，允许企业培训费用列入成本并按规定在税前扣除。支持企业举办或参与举办职业教育。落实完善引导社会资本进入职业教育领域的优惠扶持政策，支持各类办学主体通过独资、合资、合作等形式举办民办职业教育。

23. 完善产业工人劳动经济权益保障机制。创造平等就业环境，保障就业机会公平，实现更高质量就业。完善工资平等协商机制、正常增长机制、支付保障机制，健全向一线产业工人倾斜的分配制度，落实产业工人参与分配决定的权利，维护劳动收入的主体地位。健全社会保险制度，提高统筹层次，稳步提高社会保障水平，做好跨地区、行业、单位流动的社会保险关系接续。加强安全生产和职业健康工作，改善劳动条件，提高产业工人健康素质。规范劳务派遣用工，保障其合法权益。

24. 深化产业工人队伍建设理论政策研究。定期开展产业工人队伍状况调查，加强对产业工人问题理论研究，了解借鉴国外产业工人队伍建设的有益做法，不断丰富和发展产业工人理论,制定完善相关政策。在各级党校、行政学院和高等学校开设相关课程,加强有关产业工人问题的教学科研。

25. 营造尊重劳动、崇尚技能、鼓励创造的社会氛围。组织中央和地方主流新闻媒体加大对产业工人的宣传力度,运用微博、微信、移动客户端等新媒体,开展分众化、互动式宣传。引导广大文艺工作者创作更多展现产业工人风采的优秀文艺作品。组织劳模、工匠进学校、进课堂,进企业、进班组,奏响"工人伟大、劳动光荣"的时代主旋律。

三、组织实施

(一)构建合力推进产业工人队伍建设改革的工作格局。坚持党委统一领导,政府有关部门各司其职,工会、行业协会、企业代表组织充分发挥作用,统筹社会组织的协同力量;建立贯彻落实协调机制,由全国总工会牵头、各相关部门参与,加强对产业工人队伍建设改革的宏观指导、政策协调和组织推进,实现产业工人队伍建设与宏观政策、产业政策、就业政策、社会政策联动,打破部门界限,形成整体合力,勇于责任担当,提高产业工人队伍建设科学化水平。

(二)有力有序推进改革。各地区各有关部门要结合各自实际,循序渐进、积极稳妥推进产业工人队伍建设改革。突出重点,着力在支柱产业、战略性新兴产业和骨干企业中推进改革,发挥国有企业的带动作用。针对各地区各产业的不同情况,加强分类指导,探索总结经验,做到有序实施。

（三）做好改革宣传工作。坚持正确舆论导向，大力宣传新时期产业工人队伍建设改革的重大意义、目标任务、主要举措，宣传改革实施中的先进典型、经验成效，营造关心、支持改革的良好社会环境。

（四）加强对改革实施的督促检查。建立推进改革情况的监督检查和信息反馈制度，开展改革情况绩效评估，探索实行第三方评估。各有关部门要根据职责要求，研究制定推进改革的实施细则和配套措施，加大工作力度，认真抓好落实。

国务院关于推行终身职业技能
培训制度的意见

(国发〔2018〕11号 2018年5月3日)

各省、自治区、直辖市人民政府，国务院各部委、各直属机构：

职业技能培训是全面提升劳动者就业创业能力、缓解技能人才短缺的结构性矛盾、提高就业质量的根本举措，是适应经济高质量发展、培育经济发展新动能、推进供给侧结构性改革的内在要求，对推动大众创业万众创新、推进制造强国建设、提高全要素生产率、推动经济迈上中高端具有重要意义。为全面提高劳动者素质，促进就业创业和经济社会发展，根据党的十九大精神和"十三五"规划纲要相关要求，现就推行终身职业技能培训制度提出以下意见。

一、总体要求

（一）指导思想。

以习近平新时代中国特色社会主义思想为指导，全面深入贯彻党的十九大和十九届二中、三中全会精神，认真落实党中央、国务院决策部署，统筹推进"五位一体"总体布局和协调推进"四个全面"战略布局，坚持以人民为中心的发展思想，牢固树立新发展理念，深入实施就业优先战略和人才强国战略，适应经济转型升级、制造强国建设和劳动者就业创业需要,深化人力资源供给侧结构性改革,推行终身职业技能培训制度,大规模开展职业技能培训,着力提升培训的针对性和有效性,建设知识型、技能型、创新型劳动者大军,为全面建成社会主义现代化强国、实现中华民族伟大复兴的中国梦提供强大支撑。

(二)基本原则。

促进普惠均等。针对城乡全体劳动者,推进基本职业技能培训服务普惠性、均等化,注重服务终身,保障人人享有基本职业技能培训服务,全面提升培训质量、培训效益和群众满意度。

坚持需求导向。坚持以促进就业创业为目标,瞄准就业创业和经济社会发展需求确定培训内容,加强对就业创业重点群体的培训,提高培训后的就业创业成功率,着力缓解劳动者素质结构与经济社会发展需求不相适应、结构性就业矛盾突出的问题。

创新体制机制。推进职业技能培训市场化、社会化改革,充分发挥企业主体作用,鼓励支持社会力量参与,建立培训资源优化配置、培训载体多元发展、劳动者按需选择、政府加强监管服务的体制机制。

坚持统筹推进。加强职业技能开发和职业素质培养,全面做好技能人才培养、评价、选拔、使用、激励等工作,着力加强高技能人才队伍建设,形成有利于技能人才发展的制度体系和社会环境,促进技能振兴与发展。

(三)目标任务。

建立并推行覆盖城乡全体劳动者、贯穿劳动者学习工作终身、适应就业创业和人才成长需要以及经济社会发展需求的终身职业技能培训制度,实现培训对象普惠化、培训资源市场化、培训载体多元化、培训方式多样化、培训管理规范化,大规模开展高质量的职业技能培训,力争2020年后基本满足劳动者培训需要,努力培养造就规模宏大的高技能人才队伍和数以亿计的高素质劳动者。

二、构建终身职业技能培训体系

(四)完善终身职业技能培训政策和组织实施体系。面向城乡全体劳动者,完善从劳动预备开始,到劳动者实现就业创业并贯穿学习和职业生涯全过程的终身职业技能培训政策。以政府补贴培训、企业自主培训、市场化培训为主要供给,以公共实训机构、职业院校(含技工院校,下同)、职业培训机构和行业企业为主要载体,以就业技能培训、岗位技能提升培训和创业创新培训为主要形式,构建资源充足、布局合理、结构优化、载体多元、方式科学的培训组织实施体系。(人力资源社会保障部、教育部等按职责分工负责。列第一位者为牵头单位,下同)

(五)围绕就业创业重点群体,广泛开展就业技能培训。持续开展高校毕业生技能就业行动,增强高校毕业生适应产业发展、岗位需求和基层就业工作能力。深入实施农民工职业技能提升计划——"春潮行动",将农村转移就业人员和新生代农民工培养成为高素质技能劳动者。配合化解过剩产能职工安置工作,实施失业人员和转岗职工特别职业培训计划。实施新型职业农民培育工程和农村实用人才培训计划,全面建立职业农民制度。对城乡未继续升学的初、高中毕业生开展劳动预备制培训。对即将退役的军人开展退役前技能储备培训和职业指导,对退役军人开展就业技能培训。面向符合条件的建档立卡贫困家庭、农村"低保"家庭、困难职工家庭和残疾人,开展技能脱贫攻坚行动,实施"雨露计划"、技能脱贫千校行动、残疾人职业技能提升计划。对服刑人员、强制隔离戒毒人员,开展以顺利回归社会为目的的就业技能培训。(人力资源社会保障部、教育部、工业和信息化部、民政部、司法部、住房城乡建设部、农业农村部、退役军人事务部、国务院国资委、国务院扶贫办、全国总工会、共青团中央、全国妇联、中国残联等按职责分工负责)

(六)充分发挥企业主体作用,全面加强企业职工岗位技能提升培训。将企业职工培训作为职业技能培训工作的重点,明确企业培训主体地位,完善激励政策,支持企业大规模开展职业技能培训,鼓励规模以上企业建立职业培训机构开展职工培训,并积极面向中小企业和社会承担培训任务,降低企业兴办职业培训机构成本,提高企业积极性。对接国民经济和社会发展中长期规划,适应高质量发展要求,推动企业健全职工培训制度,制定职工培训规划,采取岗前培训、学徒培训、在岗培训、脱产培训、业务研修、岗位练兵、技术比武、技能竞赛等方式,大幅提升职工技能水平。全面推行企业新型学徒制度,对企业新招用和转岗的技能岗位人员,通过校企合作方式,进行系统职业技能培训。发挥失业保险促进就业作用,支持符合条件的参保职工提升职业技能。健全校企合作制度,探索推进

产教融合试点。(人力资源社会保障部、教育部、工业和信息化部、住房城乡建设部、国务院国资委、全国总工会等按职责分工负责)

(七)适应产业转型升级需要,着力加强高技能人才培训。面向经济社会发展急需紧缺职业(工种),大力开展高技能人才培训,增加高技能人才供给。深入实施国家高技能人才振兴计划,紧密结合战略性新兴产业、先进制造业、现代服务业等发展需求,开展技师、高级技师培训。对重点关键岗位的高技能人才,通过开展新知识、新技术、新工艺等方面培训以及技术研修攻关等方式,进一步提高他们的专业知识水平、解决实际问题能力和创新创造能力。支持高技能领军人才更多参与国家科研项目。发挥高技能领军人才在带徒传技、技能推广等方面的重要作用。(人力资源社会保障部、教育部、工业和信息化部、住房城乡建设部、国务院国资委、全国总工会等按职责分工负责)

(八)大力推进创业创新培训。组织有创业意愿和培训需求的人员参加创业创新培训。以高等学校和职业院校毕业生、科技人员、留学回国人员、退役军人、农村转移就业和返乡下乡创业人员、失业人员和转岗职工等群体为重点,依托高等学校、职业院校、职业培训机构、创业培训(实训)中心、创业孵化基地、众创空间、网络平台等,开展创业意识教育、创新素质培养、创业项目指导、开业指导、企业经营管理等培训,提升创业创新能力。健全以政策支持、项目评定、孵化实训、科技金融、创业服务为主要内容的创业创新支持体系,将高等学校、职业院校学生在校期间开展的"试创业"实践活动纳入政策支持范围。发挥技能大师工作室、劳模和职工创新工作室作用，开展集智创新、技术攻关、技能研修、技艺传承等群众性技术创新活动，做好创新成果总结命名推广工作，加大对劳动者创业创新的扶持力度。（人力资源社会保障部、教育部、科技部、工业和信息化部、住房城乡建设部、农业农村部、退役军人事务部、国务院国资委、国务院扶贫办、全国总工会、共青团中央、全国妇联、中国残联等按职责分工负责）

（九）强化工匠精神和职业素质培育。大力弘扬和培育工匠精神，坚持工学结合、知行合一、德技并修，完善激励机制，增强劳动者对职业理念、职业责任和职业使命的认识与理解，提高劳动者践行工匠精神的自觉性和主动性。广泛开展"大国工匠进校园"活动。加强职业素质培育，将职业道德、质量意识、法律意识、安全环保和健康卫生等要求贯穿职业培训全过程。（人力资源社会保障部、教育部、科技部、工业和信息化部、住房城乡建设部、国务院国资委、国家市场监督管理总局、全国总工会、共青团中央等按职责分工负责）

三、深化职业技能培训体制机制改革

（十）建立职业技能培训市场化社会化发展机制。加大政府、企业、社会等各类培训资源优化整合力度，提高培训供给能力。广泛发动社会力量，大力发展民办职业技能培训。鼓励企业建设培训中心、职业院校、企业大学，开展职业训练院试点工作，为社会培育更多高技能人才。鼓励支持社会组织积极参与行业人才需求发布、就业状况分

析、培训指导等工作。政府补贴的职业技能培训项目全部向具备资质的职业院校和培训机构开放。(人力资源社会保障部、教育部、工业和信息化部、民政部、国家市场监督管理总局、全国总工会等按职责分工负责)

(十一)建立技能人才多元评价机制。健全以职业能力为导向、以工作业绩为重点、注重工匠精神培育和职业道德养成的技能人才评价体系。建立与国家职业资格制度相衔接、与终身职业技能培训制度相适应的职业技能等级制度。完善职业资格评价、职业技能等级认定、专项职业能力考核等多元化评价方式,促进评价结果有机衔接。健全技能人才评价管理服务体系,加强对评价质量的监管。建立以企业岗位练兵和技术比武为基础、以国家和行业竞赛为主体、国内竞赛与国际竞赛相衔接的职业技能竞赛体系,大力组织开展职业技能竞赛活动,积极参与世界技能大赛,拓展技能人才评价选拔渠道。(人力资源社会保障部、教育部、工业和信息化部、住房城乡建设部、国务院国资委、全国总工会、共青团中央、中国残联等按职责分工负责)

(十二)建立职业技能培训质量评估监管机制。对职业技能培训公共服务项目实施目录清单管理,制定政府补贴培训目录、培训机构目录、鉴定评价机构目录、职业资格目录,及时向社会公开并实行动态调整。建立以培训合格率、就业创业成功率为重点的培训绩效评估体系,对培训机构、培训过程进行全方位监管。结合国家"金保工程"二期,建立基于互联网的职业技能培训公共服务平台,提升技能培训和鉴定评价信息化水平。探索建立劳动者职业技

能培训电子档案,实现培训信息与就业、社会保障信息联通共享。(人力资源社会保障部、财政部等按职责分工负责)

(十三)建立技能提升多渠道激励机制。支持劳动者凭技能提升待遇,建立健全技能人才培养、评价、使用、待遇相统一的激励机制。指导企业不唯学历和资历,建立基于岗位价值、能力素质、业绩贡献的工资分配机制,强化技能价值激励导向。制定企业技术工人技能要素和创新成果按贡献参与分配的办法,推动技术工人享受促进科技成果转化的有关政策,鼓励企业对高技能人才实行技术创新成果入股、岗位分红和股权期权等激励方式,鼓励凭技能创造财富、增加收入。落实技能人才积分落户、岗位聘任、职务职级晋升、参与职称评审、学习进修等政策。支持用人单位对聘用的高级工、技师、高级技师,比照相应层级工程技术人员确定其待遇。完善以国家奖励为导向、用人单位奖励为主体、社会奖励为补充的技能人才表彰奖励制度。(人力资源社会保障部、教育部、工业和信息化部、公安部、国务院国资委、国家公务员局等按职责分工负责)

四、提升职业技能培训基础能力

(十四)加强职业技能培训服务能力建设。推进职业技能培训公共服务体系建设,为劳动者提供市场供求信息咨询服务,引导培训机构按市场和产业发展需求设立培训项目,引导劳动者按需自主选择培训项目。推进培训内容和方式创新,鼓励开展新产业、新技术、新业态培训,大力推广"互联网+职业培训"模式,推动云计算、大数据、移动智能终端等信息网络技术在职业技能培训领域的应用,提高培训便利度和可及性。(人力资源社会保障部、国家发展改革委等按职责分工负责)

(十五)加强职业技能培训教学资源建设。紧跟新技术、新职业发展变化,建立职业分类动态调整机制,加快职业标准开发工作。建立国家基本职业培训包制度,促进职业技能培训规范化发展。支持弹性学习,建立学习成果积累和转换制度,促进职业技能培训与学历教育沟通衔接。实行专兼职教师制度,完善教师在职培训和企业实践制度,职业院校和培训机构可根据需要和条件自主招用企业技能人才任教。大力开展校长等管理人员培训和师资培训。发挥院校、行业企业作用,加强职业技能培训教材开发,提高教材质量,规范教材使用。(人力资源社会保障部、教育部等按职责分工负责)

(十六)加强职业技能培训基础平台建设。推进高技能人才培训基地、技能大师工作室建设,建成一批高技能人才培养培训、技能交流传承基地。加强公共实训基地、职业农民培育基地和创业孵化基地建设,逐步形成覆盖全国的技能实训和创业实训网络。对接世界技能大赛标准,加强竞赛集训基地建设,提升我国职业技能竞赛整体水平和青年技能人才培养质量。积极参与走出去战略和"一带一路"建设中的技能合作与交流。(人力资源社会保障部、国家发展改革委、教育部、科技部、工业和信息化部、财政部、农业农村部、商务部、国务院国资委、国家国际发展合作署等按职责分工负责)

五、保障措施

（十七）加强组织领导。地方各级人民政府要按照党中央、国务院的总体要求，把推行终身职业技能培训制度作为推进供给侧结构性改革的重要任务，根据经济社会发展、促进就业和人才发展总体规划，制定中长期职业技能培训规划并大力组织实施，推进政策落实。要建立政府统一领导，人力资源社会保障部门统筹协调，相关部门各司其职、密切配合，有关人民团体和社会组织广泛参与的工作机制，不断加大职业技能培训工作力度。（人力资源社会保障部等部门、单位和各省级人民政府按职责分工负责）

（十八）做好公共财政保障。地方各级人民政府要加大投入力度，落实职业技能培训补贴政策，发挥好政府资金的引导和撬动作用。合理调整就业补助资金支出结构，保障培训补贴资金落实到位。加大对用于职业技能培训各项补贴资金的整合力度，提高使用效益。完善经费补贴拨付流程，简化程序，提高效率。要规范财政资金管理，依法加强对培训补贴资金的监督，防止骗取、挪用，保障资金安全和效益。有条件的地区可安排经费，对职业技能培训教材开发、新职业研究、职业技能标准开发、师资培训、职业技能竞赛、评选表彰等基础工作给予支持。（人力资源社会保障部、教育部、财政部、审计署等按职责分工负责）

（十九）多渠道筹集经费。加大职业技能培训经费保障，建立政府、企业、社会多元投入机制，通过就业补助资金、企业职工教育培训经费、社会捐助赞助、劳动者个人缴费等多种渠道筹集培训资金。通过公益性社会团体或者县级以上人民政府及其部门用于职业教育的捐赠，依照税法相关规定在税前扣除。鼓励社会捐助、赞助职业技能竞赛活动。(人力资源社会保障部、教育部、工业和信息化部、民政部、财政部、国务院国资委、税务总局、全国总工会等按职责分工负责)

（二十）进一步优化社会环境。加强职业技能培训政策宣传，创新宣传方式，提升社会影响力和公众知晓度。积极开展技能展示交流，组织开展好职业教育活动周、世界青年技能日、技能中国行等活动，宣传校企合作、技能竞赛、技艺传承等成果，提高职业技能培训吸引力。大力宣传优秀技能人才先进事迹，大力营造劳动光荣的社会风尚和精益求精的敬业风气。(人力资源社会保障部、教育部、全国总工会、共青团中央等按职责分工负责)

中华全国总工会　应急管理部 国家卫生健康委员会关于进一步深化 全国"安康杯"竞赛活动的指导意见

（总工发〔2019〕22号　2019年6月24日）

全国"安康杯"竞赛活动，是围绕党和国家安全生产和职业病防治工作大局、动员组织全国亿万职工开展的群众性安全生产和职业健康活动，是学习贯彻习近平新时代中国特色社会主义思想的重要举措，是推动安全生产和职业健康工作的有效载体，是维护广大职工安全健康权益的重要手段，是营造良好安全生产氛围的重要平台。为主动适应新时代对安全生产和职业健康工作提出的新要求，进一步推动"安康杯"竞赛活动的深入开展，提出以下意见。

一、总体要求

（一）指导思想。

以习近平新时代中国特色社会主义思想和党的十九大精神为指导，深入贯彻习近平总书记关于安全生产和职业健康工作的重要指示精神，落实党中央、国务院的各项决策部署，坚持以人民为中心，牢固树立安全发展理念，大力弘扬生命至上、安全第一的思想。以贯彻落实《中共中央 国务院关于推进安全生产领域改革发展的意见》为抓手，以预防生产安全事故和控制职业病危害为重点，积极推动企业主体责任、全员安全生产和职业病防治责任制的落实，广泛组织开展群众性安全生产和职业病防治活动，扎实推进企业安全健康文化建设，努力提升企业安全生产和职业病防治水平，切实维护职工安全健康权益，为决胜全面建成小康社会提供良好的安全生产环境。

（二）基本原则。

——坚持围绕大局。深入贯彻落实习近平总书记关于安全生产和职业健康工作的重要指示精神，不断提高政治站位，切实把思想和行动统一到党中央、国务院的决策部署上来，把竞赛活动放到党和国家工作大局中去谋划和推动。

——注重职工参与。"安康杯"竞赛活动是以广大职工为主体的群众性竞赛活动，职工群众的广泛参与是"安康杯"竞赛活动的重要基础和生命力所在。要采取有效措施，切实把职工组织起来，参与到竞赛活动中去。

——突出维护职能。要充分发挥竞赛活动在维护职工安全健康权益中的重要作用，通过竞赛活动，增强职工的安全意识、责任意识、应急处理和自我保护能力，更好地维护职工安全健康权益，进一步提升职工的安全感、获得感、幸福感。

——强化改革创新。要以推进安全生产领域改革发展为契机，主动适应新时代对安全生产和职业病防治工作提出的新要求，围绕理论创新、制度创新、体制机制创新、科技创新和文化创新，不断推动竞赛活动创新发展。

——有效整合资源。要加强统筹谋划,整合资源,主动协作,充分调动各方面积极性,推动形成党政支持、工会主导、部门联动、企业运作、职工参与的工作格局。

(三)主要目标。

"安康杯"竞赛活动参赛范围不断扩大,吸引更多的企业特别是中小微企业和农民工比较集中的劳动密集型企业参赛,逐步实现竞赛全覆盖;安全生产工作持续稳定健康发展,企业全员安全生产和职业病防治责任制进一步落实,安全健康文化建设进一步加强,职工安全责任意识和应急能力进一步增强;企业职业病防治主体责任不断落实,工作场所作业环境持续改善;最终达到降低生产安全事故和减少职业病发病的目的。

二、具体措施

(四)突出竞赛活动重点。各级竞赛组委会和参赛单位要制定切实可行的"安康杯"竞赛活动推进规划,着重围绕安全生产和职业病防治教育培训,提升职工安全技能和职业病防护水平;围绕企业安全健康文化建设,引导企业营造人人讲安全健康、事事重安全健康、处处保安全健康的安全生产环境;围绕隐患排查治理活动,构筑群防群治安全生产防线;强化职业健康文化建设,扎实开展职业病危害治理;围绕班组安全建设,引导企业进一步夯实安全生产和职业病防治基础;围绕推动落实企业全员安全生产和职业病防治责任制,建立"层层负责、人人有责、各负其责"的工作体系。通过竞赛活动,把安全生产和职业病防治的各项措施落实到每个岗位、每名职工,营造健康和谐的安全生产环境,形成人人重安全和职业健康、人人懂安全和职业健康、人人抓安全和职业健康的良好局面。

(五)丰富竞赛形式和内容。各级竞赛组委会和参赛单位要围绕竞赛主题,进一步丰富和创新竞赛活动,做到既与时俱进又适应企业发展需要,既围绕大局又贴近实际,既体现行业特色又突出区域特点。要把"安康杯"竞赛与劳动和技能竞赛、工会劳动保护等工作有机融合,通过技术培训、技能比武、岗位练兵、应急演练等活动,全面提升职工安全防护和职业病防治的意识和技能,着力提高竞赛的质量和效果。要充分吸收职工的意见建议和需求,采取职工喜闻乐见的形式,将竞赛活动变为职工的自觉行动,鼓励并激发广大职工自觉学习安全生产和职业病防治知识,掌握自我防护和自救互救技能。

(六)扩大竞赛活动覆盖面。各级竞赛组委会要结合实际,继续推广城市、乡镇、街道、社区和工业园区试点经验,吸引更多企业和职工参加到竞赛活动中来,进一步扩大活动覆盖面。把煤矿、建筑、交通、石油、化工、电力等高危行业和非公中小企业以及设备、技术、工艺落后的企业作为重点领域,把一线职工、农民工、重体力劳动职工等群体作为重点对象。

(七)加大竞赛宣传力度。充分发挥主流媒体的权威性和新媒体的便捷性,将竞赛宣传与安全生产和职业病防治相关法律法规的宣传结合起来,与"安全生产月"、《职业病防治法》宣传周等活动结合起来,多角度、全方位向广大职工进行宣传,建设健康向上的安全和职业健康文化,培养职工安全防护、职业病防治意识和职业习惯,真正用深厚的安全健康文化铸起安康盾牌。

三、组织保障

(八)高度重视,精心组织。各级竞赛组委会要高度重视,加强对竞赛活动的组织领导,要按照全国竞赛组委会的要求,制定符合自身特点和实际的竞赛方案。要创新方式方法,不断完善竞赛机制,努力做到竞赛规划科学周详、竞赛方案符合实际、工作措施具体可行、督促检查坚强有力、激励机制健全有效。要结合各级工会和参赛单位自身实际,建立健全竞赛活动评选推荐机制,根据新的形势和任务,推动"安康杯"竞赛活动创新发展。

(九)加强监督,务求实效。各级竞赛组委会要加强对"安康杯"竞赛活动的监督,及时指导"安康杯"竞赛活动的开展,认真履行监督检查职责,根据竞赛考核标准对参赛单位进行检查、考核。把"安康杯"竞赛活动纳入各级政府安全生产责任制考核内容,推动竞赛活动与安全生产和职业病防治工作同部署、同推进、同落实。

(十)总结经验,示范引领。认真总结各地、产业和企业开展竞赛活动的典型经验,把实践中创造出来的行之有效的、具有引领性的活动经验,及时上升到制度层面固定下来、加以推广,广泛宣传各地、产业和企业开展竞赛活动的成功经验,组织开展各单位相互学习交流活动,充分发挥典型经验的示范作用,以点带面推动竞赛活动深入开展。

中华全国总工会关于深入开展"当好主人翁、建功新时代"主题劳动和技能竞赛的意见

(总工发〔2018〕23号　2018年7月25日)

为深入贯彻习近平新时代中国特色社会主义思想和党的十九大精神,按照全总十六届七次执委会和2018年庆祝"五一"国际劳动节暨"当好主人翁、建功新时代"劳动和技能竞赛推进大会的部署要求,动员广大职工充分发挥主力军作用,凝聚起新时代的奋斗伟力,在决胜全面建成小康社会、全面建设社会主义现代化国家新征程中展现新作为,现就深入开展"当好主人翁、建功新时代"主题劳动和技能竞赛(以下简称"主题劳动和技能竞赛")提出如下意见。

一、主题劳动和技能竞赛的指导原则

——坚持突出竞赛主题。竞赛活动要以"当好主人翁、建功新时代"为主题,以深化供给侧结构性改革、推动经济高质量发展为主线,以贯彻落实《新时期产业工人队伍建设改革方案》,建设知识型、技能型、创新型职工队伍为重点,大力弘扬劳模精神、劳动精神、工匠精神,推进全国引领性劳动和技能竞赛,动员广大职工用劳动筑梦,以

实干圆梦，做新时代的见证者、开创者、建设者。

——坚持以职工为中心。竞赛活动要面向基层、面向一线职工、面向普通劳动者，满足职工多样化需求；尊重职工首创精神，让职工当主角，动员职工群众积极参与竞赛方案的制定和过程监督；扩大竞赛在非公企业和农民工群体中的覆盖面和影响力，最大限度地把职工组织到竞赛活动中来。

——坚持新发展理念。竞赛活动要坚持创新、协调、绿色、开放、共享的发展理念，坚持质量第一、效益优先，突出技术创新和素质提升，促进竞赛由"速度型""体力型"向"效益型""智力型"转变；按照建设"智慧工会"的要求，利用"互联网+"等现代化手段，创新竞赛的方式和载体，使竞赛活动富有新时代特色，具有吸引力和感召力。

——坚持职工和企业"双赢"。竞赛活动要坚持共建共享，紧扣企业生产经营实际，促进企业发展；着力提高职工素质和能力，维护职工发展权益；完善竞赛激励制度，推动职工创新成果和技能要素按贡献参与分配，在促进经济发展的同时，让职工受益，增强职工在竞赛中的获得感。

二、围绕制造强国和创新驱动发展战略开展职工技术创新活动

（一）营造良好职工创新环境。引导职工树立时时可创新、处处可创新、人人可创新的理念，立足岗位开展创新，解决身边技术难题；建立健全以岗位创新、班组（团队）创新、劳模和工匠人才（职工）创新工作室为主要载体的职工创新体系；发挥职工技协作用，搭建职工创新成果展示、交流平台，促进成果转化。

（二）聚焦关键核心技术突破开展竞赛。在实施科技创新2030——重大项目和国家科技重大专项、关系民生福祉的重点领域技术供给、面向科技强国的基础研究等领域开展技术攻关、发明创造等竞赛活动，推动关键共性技术、前沿引领技术、现代工程技术、颠覆性技术等取得重大突破，增强原始创新能力，铸就大国重器，为建设科技强国提供有力支撑。

（三）突出质量提升开展竞赛。推动实施质量强国战略，贯彻落实《中共中央 国务院关于开展质量提升行动的指导意见》，教育引导职工牢固树立质量第一意识，提高职工群众质量素养，深入开展质量管理小组和质量信得过班组建设等活动，围绕提升产品、服务、工程质量和加强品牌建设开展群众性质量提升活动，推动形成企业追求质量、社会崇尚质量、人人关心质量的良好氛围。

（四）针对发展先进制造业开展竞赛。围绕实施《中国制造2025》，聚焦新技术、新管理、新模式、新业态，瞄准关键领域、基础材料、核心技术和共性需求，广泛开展小革新、小发明、小改造、小设计、小建议等"五小"活动，深化劳模和工匠人才（职工）创新工作室创建活动，动员广大职工立足岗位、提升技能、精益求精、创新创造，在优化传统制造、发展高端制造、推进智能制造、实施绿色制造中发挥重要作用。

三、围绕人才强国战略和新时期产业工人队伍建设改革强化职工技能素质提升活动

（五）开展岗位练兵、师傅带学徒等活动。坚持工作和培训相结合，组织职工立足岗位开展经常性、普遍性练兵活动，强化基本功训练，掌握岗位技能，通过工作提高技术，通过练兵促进工作。广泛开展师傅带学徒活动，积极协助政府和企业推广现代学徒制和企业新型学徒制，总结推广选树技能带头人（工匠人才、金牌工人、首席技师、首席员工等）活动经验，鼓励劳模和工匠人才进行"传帮带"，培养大批高技能人才。

（六）促进职工职业技能竞赛向纵深发展。推动建立以企业岗位练兵和技术比武为基础、以国家和行业竞赛为主体、国内竞赛与世界技能大赛等国际竞赛相衔接的职业技能竞赛体系；根据国家战略性发展需要，重点从国家支柱性产业、战略性新兴产业、现代服务业等产业中选择就业人数多、技术含量高的工种进行比赛；强化技能竞赛的培训功能，重视赛前练兵、赛后交流，让竞赛成为职工展示才能、交流技艺的平台和提升技能水平的绿色通道。

（七）加强职工技能培训和交流。推动企业制订职工培养计划，健全职工培训制度，监督企业足额提取职工教育经费，并将经费的60%以上用于一线职工的培训；依托工会院校、企业培训中心和社会培训机构等，推进职工技能实训基地建设，提升职业技能培训基础能力；开展职工技能交流活动，总结推广先进操作法，促进职工之间相互学习、共同提高。

四、围绕实施区域协调发展战略推进全国引领性劳动和技能竞赛

（八）突出竞赛重点。围绕京津冀协同发展、长江经济带发展、"一带一路"建设、粤港澳大湾区建设、大运河文化带建设、东北振兴等国家战略的实施，进一步落实全总有关通知要求，结合各自功能定位和发展导向，聚焦重点地区、重点领域和重点项目，细化具体实施方案，不断丰富和完善竞赛活动。

（九）深化重大工程建设竞赛。在总结多年来开展重大工程竞赛经验和做法的基础上，结合新时代国家战略规划，依据《重大工程建设劳动和技能竞赛工作指南》，进一步规范竞赛的组织领导、活动形式、活动内容、日常管理、考核评估、表彰奖励等，推动重大工程劳动和技能竞赛进一步扎实有效开展。

（十）开展贫困地区基础设施建设竞赛。在贫困地区的交通、水利、电力等基础设施重点项目和民族地区重大基础设施项目、民生工程建设中，组织动员职工群众广泛开展重大工程竞赛、职工技术创新和素质提升等活动，促进项目优质高效安全完工，促进贫困地区基础设施进一步完善，加快经济社会发展。

五、围绕建设美丽中国和可持续发展战略组织群众性生态文明建设活动

（十一）加强生态文明宣传教育。把生态文明作为职工素质教育的重要内容，结合全国节能宣传周和全国低碳日活动，广泛开展形式多样、职工喜闻乐见的宣传活动，普及生态文明法律法规和科学知识，引导职工树立绿色发展理念，倡导简约适度、绿色低碳的生活方式，推动形成人人、事事、时时崇尚生态文明的社会氛围。

（十二）开展污染防治竞赛。动员广大职工积极参与污染防治攻坚战，推动实施大气、水、土壤污染防治三大行动计划；按照国家化解过剩产能和产业转型升级的要求，重点在高耗能、高排放、高污染的行业领域，围绕关键技术、生产设备改造、环保设施运行等重点难点问题，瞄准国内外同行业一流水平，开展清洁生产、节能减排、循环利用等竞赛活动；发挥职工节能减排义务监督员队伍作用，群防群治，促进企业节能减排。

（十三）开展生态系统保护竞赛。根据国家生态环境保护战略规划，围绕重点水利工程建设、防汛抗旱水资源优化调度、推进荒漠化、水土流失综合治理等开展重大工程竞赛；围绕各流域水污染防治、湿地保护和恢复、地质灾害防治等开展对标竞赛；助力国家生态文明先行示范区建设，积极参加国土绿化行动，推动生态系统质量和稳定性的提升。

六、围绕新时代职工安全健康需求深化"安康杯"竞赛

（十四）开展群众性安全生产活动。组织职工广泛开展隐患排查治理、安全生产合理化建议、安全管理优秀成果展示、安全知识普及和安全技能培训等活动，切实提高职工的安全意识和技能水平；强化班组安全建设，推进班组安全管理标准化、规范化和科学化，不断夯实安全生产的群众基础。

（十五）发挥工会劳动保护监督检查作用。加强工会劳动保护监督检查员和特聘煤矿群众监督员队伍建设，提升"两员"的专业素质和工作水平，按照工作要求履职尽责，配合政府有关部门加强对职业病防治工作的监督管理，切实保障职工生命安全与健康权益。

（十六）加强安全宣传和企业安全文化建设。加大国家相关法律法规和政策文件的宣传力度，做好职工劳动安全卫生知识的普及工作；结合全国"安全生产月"，有针对性地开展宣传培训、操作演练、亲情教育、警示教育等安全文化活动，把先进的安全生产理念、科学的安全管理方法、实用的安全操作技能送到企业，逐步形成上下齐心、知行合一的安全文化。

七、切实加强组织领导

（十七）高度重视，认真谋划。开展"当好主人翁、建功新时代"主题劳动和技能竞赛是贯彻落实党的十九大精神、实现宏伟目标的重要举措，是践行为实现中华民族伟大复兴的中国梦而奋斗这一工运时代主题的重要载体。各级工会要高度重视，摆上重要议事日程，在完成《2016—2020年劳动和技能竞赛规划》目标任务的基础上，确定新目标，提出新要求，采取切实措施，对竞赛活动进行再动员、再部署，在全国职工中掀起劳动和技能竞赛新热潮。

（十八）因地制宜，分类指导。适应新时代新要求，探索建立既有宏观指导、又有具体举措，既有示范引领、又有面上发动，既有丰富内容、又有机制保障的地方、产业、企业相结合的竞赛工作体系。地方和产业工会要搭建区域和行业的竞赛平台，做好竞赛方案制定、竞赛发动和指导工作，从实际出发确定竞赛重点，以点带面，精准发力。企业工会要积极探索和创新竞赛的组织形式、活动内容和载体，并动员职工群众积极参加上级工会组织的竞赛活动，为职工发挥聪明才智和实现自身价值提供更大的舞台。注重总结竞赛工作经验、选树竞赛典型，发挥引领性竞赛的示范带动作用，推动全国竞赛广泛深入开展。

（十九）强化监督，完善机制。加强竞赛过程管理和考核评估，通过对地方和企业开展竞赛活动的成效进行评估，发现问题、找出不足、改进工作。评估方法、指标体系要科学合理，评估内容、评估范围要切合实际，评估结果要作为竞赛活动评先评优、推荐表彰的重要参考。完善督促检查、统计监测、动态调整机制，进一步把竞赛活动做实。认真落实全总《基层工会经费收支管理办法》（总工办发〔2017〕32号）有关规定，积极推动政府（企业）制定和完善劳动和技能竞赛奖励办法，进一步完善竞赛激励机制。

（二十）弘扬精神，示范引领。注重从劳动和技能竞赛中发现和宣传典型，培养和选树先进，营造劳动光荣的社会风尚和精益求精的敬业风气。坚持面向基层、面向一线、面向普通职工群众，做好五一劳动奖和工人先锋号推荐评选等工作，培养和选树不同层面的工匠人才。精心组织劳模和工匠人才进学校、进企业、进社区，用他们的干劲、闯劲、钻劲鼓舞更多的人，激励广大职工勤于创造、勇于奋斗、善于团结、敢于梦想，争做新时代的奋斗者。

（二十一）加强宣传，总结经验。充分发挥工会系统宣传阵地的作用，广泛运用微博、微信、移动客户端等新媒体,宣传推广基层开展竞赛活动的新鲜经验和先进典型,把主题劳动和技能竞赛打造成在职工中有较强感召力、在社会上有广泛影响力的品牌。坚持继承与创新相结合,适应新时代、聚焦新目标,不断丰富和完善竞赛内容,创新方式,总结推广先进经验,让劳动和技能竞赛在新时代展现出新的生机和活力。

中华全国总工会关于充分发挥工会在建设知识型、技术型、创新型技术工人队伍中作用的意见

(总工发〔2016〕34号 2016年12月9日)

技术工人是推动经济社会发展的重要力量。建设高素质的技术工人队伍，是践行五大发展理念、促进供给侧结构性改革、实施创新驱动发展战略、实现职工全面发展的必然要求。为充分发挥工会在建设知识型、技术型、创新型技术工人队伍中的作用，提出如下意见。

一、目标要求

（一）指导原则。

深入贯彻习近平总书记系列重要讲话精神特别是关于工人阶级和工会工作的重要论述，紧紧围绕国家"十三五"规划的目标任务，以产业结构转型升级对技术工人的需求为导向，以提高职工技能素质和创新能力为着力点，以构建终身学习长效机制为基础，坚持推动企业发展与促进职工全面发展相结合，普遍提高职工技能素质与培养高技能创新领军人才相结合，继承传统有效载体与创新方式方法相结合，大力弘扬劳模精神、劳动精神、工匠精神，培养造就更多"大国工匠"，努力建设知识型、技术型、创新型

技术工人队伍,在全面建成小康社会的进程中充分发挥工人阶级主力军作用。

(二)主要目标。

经过一个时期的努力,技术工人队伍不断壮大,高技能人才大量涌现,技术工人队伍建设的体制机制进一步建立健全,技术工人综合素质进一步适应产业结构转型升级和经济社会发展要求。

——广泛开展技能培训和技能竞赛活动,技术工人技能水平不断提高。技能培训和技能比赛方法不断创新,质量不断提升,职工参与面进一步扩大。每年培训技术工人800万人次,为300万名农民工提供就业和创业培训。每年参加企业及以上各级技能比赛的职工2300万人以上,通过技能比赛晋升技术等级的职工达100万人以上。

——深入开展职工技术创新活动,技术工人创新能力有较大提升。每年完成技术革新80万项,发明创造20万项,总结推广先进操作法20万项,实现量上有发展,质上有提升,成果转化率进一步提高。劳模创新工作室创建活动普遍开展,5年内全国示范性劳模创新工作室总数达到300家,各级劳模创新工作室总数超过10万家。

——进一步强化资金支持和专业服务,技能提升和技术创新扶持制度逐步完善。全国职工技术创新补助资金的示范效应有效发挥,推动建立各级职工创新补助资金。探索不同形式的扶持办法,鼓励技术工人提升技能等级。建立专业技术支持团队,为技术工人提升技能和开展创新提供专业支撑。

二、具体措施

（一）广泛开展培训和学习活动，普遍提升职工职业素养和技能素质。

1. 加强工匠精神培育。把培育工匠精神作为职工素质提升活动的重要内容，注重培育执着专注、精益求精、一丝不苟、追求卓越的工匠精神，增强职工对职业理念、职业使命的认识与理解。深化"中国梦·劳动美"主题教育，推动工匠精神和工匠文化在职工中广泛传播，使工匠精神成为企业文化的重要内容。

2. 充分运用多种培训学习载体。各级工会要根据企业岗位技能要求和职工提升技能素质需要，配合企业行政开展岗前培训、在岗技能提升培训和高技能人才培训，帮助职工学习新知识、掌握新技能、增长新本领。广泛开展新型师带徒活动，总结推广绝招绝技和先进操作法，做好技能传承工作。加强企业班组建设，充分发挥工会小组作用，立足班组开展形式多样的学习活动，把班组建设成技术工人提高技能素质、实现岗位成才的阵地。

3. 构建职工技能培训立体网络。整合工会职工教育和技能培训资源，建立职工技能培训示范点，推动工会系统职工院校由以成人学历教育为主向学历教育和职业技能培训并重转变，由小规模松散式培训向正规化、系统化、规模化、联盟化职业技能培训转变，由依据自身教育资源优势定位培训科目向校企结合、产教链接、工学融合方向转变。加强职工技能实训基地、就业培训基地、农民工技能培训示范基地和工人文化宫的培训能力建设,利用信息通信和网络技术手段,构建工会职业技能教育培训网络平台,为技术工人提供全面、便捷、实用的培训服务。

4. 创新技能培训方式方法。紧跟经济社会发展变化,顺应产业转型升级趋势,加强对技术工人需求的摸底调查,坚持把符合科技进步方向、符合企业发展需求、符合职工学习意愿的内容作为培训重点,增强技能培训的实用性和针对性。善于借用社会培训资源,加强与企业联合办学,强化实操训练,完善现场培训、菜单式培训、上门施训、交流研讨等做法,根据各地实际情况创造性地开展多种形式的培训活动,加快培养掌握运用新知识、新技术、新工艺能力强的技术工人。

5. 注重提升农民工技能素质。积极争取政策支持和培训资源,充分运用职工技能实训基地、农民工技能培训示范基地、就业培训基地,主动承接任务,认真谋划落实,推动实施"农民工职业技能提升计划"。广泛组织动员农民工参加岗位练兵和各个层级的技能比赛活动,提高农民工技能素质。

(二)深化职业技能比赛,不断拓展职工技能提升平台。

6. 扩大技能比赛覆盖面。定期开展全国职工职业技能大赛,发挥示范引领作用。充分发挥地方工会和产业工会两个积极性,地方工会要根据当地产业发展和人才发展战略的需要,开展各级各类职工技能比赛;产业工会要联合有关产(行)业协会或相关政府部门,围绕本产业发展急需的技能人才开展行业技能比赛活动。把产业技能比赛与地方技能比赛结合起来,形成地方和产业全面覆盖、相互交融的技能比赛格局。

7. 提高职工技能比赛质量。把主导技术、前沿技术、急用技术作为技能比赛的重点，实现比赛工种从传统制造业向先进制造业和现代服务业延伸，从传统工种向新兴工种和科技含量高的工种拓展。加强对职工职业技能比赛的管理和指导，总结长期以来行之有效的比赛工作经验，借鉴国际经验，规范管理比赛全过程、各环节，精心设计比赛形式和内容，严格执行比赛标准和纪律，严密管控比赛流程和秩序，确保比赛程序公开、标准公平、结果公正，提高比赛质量，提升比赛实效。广泛动员社会资源参与，不断提高职业技能比赛的影响力和带动力。

8. 增强职业技能比赛效应。坚持以赛促学、以赛促训，抓好赛前培训，激发职工参赛热情，带动技术培训和岗位练兵普遍开展。总结推广基层创造的"网上练兵""网上自学""岗位对标竞赛"等做法，推动企业把技能比赛办在生产线上、办在岗位上、办在工地上。做好赛后的技术等级晋升，推动形成培训练兵、技能比赛、技术等级晋升一体化机制，把职业技能比赛打造成技术工人成长成才的绿色通道。开展技能交流和推广工作，传播先进操作法，推动更多职工提高技能素质。

（三）全面推动职工创新能力建设，培养创新型技术工人队伍。

9. 深化职工技术创新活动。围绕行业和企业发展战略，针对现场工艺技术关键难题、产业核心技术瓶颈和行业共性技术难题，组织动员职工开展技术协作和技术攻关，着力提高技术工人的创新能力。最大限度地激发职工创新创业活力，引导广大职工开展发明创造活动，争做创造性劳动的典范，为大众创业、万众创新夯实群众基础。在职工中广泛开展现代创新知识培训，普及创新方法、培育创新思维，开展工人发明家沙龙、职工创新论坛、职工科技节等活动，营造鼓励创新的良好环境。

10. 积极开展职工创新成果展示、推广活动。命名先进操作法，开展职工合理化建议、优秀发明选拔赛、岗位绝技绝活展示、职工技能群英会、职工创新成果发布会等活动，积极向政府科技主管部门推荐职工的优秀技术创新成果，为职工搭建创新成果评选、展示、推广平台。

11. 深化劳模创新工作室创建工作。按照提高质量、突出实效、发挥作用、扩大影响的要求，联合政府有关部门，加强工作指导，规范创建工作。每3年命名一批全国示范性劳模创新工作室，并加强评估管理和总结交流，发挥示范性创新工作室引领作用，提高创建工作整体水平。充分发挥劳模创新工作室的技术攻关、技能培训、协同创新等功能，吸引更多职工参与创新活动，培养创新型技术工人。

12. 完善职工技能提升和创新能力建设体系。发挥职工技术协会等职工科技社团作用，建设由专业技术人员、创新能手和能工巧匠组成的专家队伍，为职工提供技术咨询、创新指导、专利申请等专业服务。充分发挥创新攻关领军人才作用，指导支持职工开展技术革新、发明创造等活动，培养造就更多工人发明家。建立职工技能人才库和技术创新成果库，为职工开展技术交流、技术协作、技术攻关构建信息化平台。

（四）推动优化技术工人成长社会环境，促进职工全面发展。

13. 充分反映技术工人诉求。在参与立法和政策制定时，积极推动收入分配制度改革，把提高技术工人工资收入作为健全完善职工工资协商共决、正常增长、支付保障机制的重要内容，促进技能劳动价值在收入分配中得到充分体现，推动提高技术工人待遇。推动健全关于职工技术创新、知识产权保护等方面法律法规，依法保障和激励职工创新创造、提高技能素质。

14. 拓展技术工人职业发展通道。推动企业普遍建立技术工人培养、考核、使用、激励机制。总结推广企业建立管理人员、技术人员、技术工人等不同序列晋升通道的做法，拓展技术工人成长成才空间，更好地激发技术工人成长成才的积极性、主动性。推动企业实行首席工人、首席技师等制度，使高技能人才获得相应报酬，体现应有价值。在技术工人中普及有关职业培训、技术等级提升、技能鉴定等相关法律法规知识，增强技术工人的职业发展意识和维护自身权益的能力。

15. 加强对技术工人培养工作的监督。认真落实财政部等十一部委联合下发的《关于企业职工教育经费提取与使用管理的意见》，监督企业足额提取职工教育培训经费并按规定比例用于企业一线职工的教育和培训，监督企业将职工教育培训经费的提取与使用情况列为厂务公开的内容，向职工代表大会或职工大会报告，定期或不定期进行公开，接受职工代表的质询和全体职工的监督。把对技术工人的培养经费和培训内容等纳入企业集体协商内容。配合各级人大、政协开展专项检查，督促企业落实相关政策和规定。

16. 推动职业技能鉴定工作。推动职业技能鉴定社会化，合理开发利用企业职业技能鉴定机构，探索建立职业技能鉴定社会评价机制，改进方式，简化程序，减少技能等级鉴定的制约因素。各级职工技协要积极创造条件，主动承接技能鉴定工作，为技术工人参加技能鉴定提供便利。总结推广非公企业对暂未纳入国家技能鉴定的工种开展内部技能等级鉴定并设定相应等级待遇的做法。

三、组织实施

（一）加强组织领导。

各级工会要把建设知识型、技术型、创新型技术工人队伍摆上战略高度，纳入重要议事日程，加强组织领导。各全国产业工会和全总机关各部门、职工技协要整合力量，加强顶层设计，把职工技能素质提升作为评价工作的重要指标，合力推动实施。各地方和产业工会要把技术工人队伍建设作为与政府、行业协会召开联席会议的重要议题，积极提出工会的意见和建议，参与和推动相关政策法规制定，争取政府的经费支持，与政府部门联合出台文件，共同开展工作，形成在党委领导和政府支持下，全会上下齐心协力共同推动技术工人队伍建设的局面。

（二）形成工作机制。

加强对国家和地方发展战略的研究，把工会开展的技术工人队伍建设工作纳入到国家和地方发展大局中把握和考虑，建立调查研究、规划制定、措施落实、统计监测、监督考核、表彰激励、经费投入等机制，逐步形成完善的工作制度。地方工会和产业工会要加强协作，从各自职责和优势出发，形成推动工作落实的合力。

（三）强化示范引领。

通过各种新闻媒体，开展多种形式的宣传活动，广泛宣传国家关于技术工人队伍建设的方针政策，及时推广工会推动技术工人队伍建设的成功经验和做法。加大优秀技能人才表彰奖励力度，在工会开展的推荐表彰活动中，应明确高技能创新人才占一定比例。大力宣传"首席技师""金牌工人""能工巧匠"和技能比赛中涌现出的技术能手等，弘扬工匠精神，激励技术工人肯学肯干肯钻研，练就一身真本领，掌握一手好技术，成长为工匠型人才。扩大职工职业技能大赛、职工优秀技术创新成果展示、劳模创新工作室创建、职工先进操作法命名等工作品牌的社会影响力，在全社会营造尊重劳动、崇尚技能、鼓励创造的良好氛围。

（四）开展对外交流。

着眼于提升技术工人队伍国际竞争力，加强与国外工会和国际工会组织的国际交流与合作，借鉴其在提高工人技能素质和创新能力方面的有益经验，提高工会干部开展技术工人队伍建设工作的能力和水平。积极开展与港澳台地区和国际间职工技能和技术创新学习、交流和比赛活动。

（五）加大经费保障。

全总每年安排一定资金，并积极争取各级政府部门的政策性资金支持，用于加强技术工人队伍建设工作。加强对职工创新专项补助资金使用的管理和监督，大力扶持全国示范性劳模创新工作室的创新项目和技能人才培养项目，充分发挥资金的示范和带动效应。各级工会要根据自身实际设立专项资金，扶持职工技术创新活动，奖励职工技术创新成果，对职工参加技术技能培训并取得技术等级证书的可给予资金补贴，鼓励技术工人提高技能素质。

关于进一步加强职工技术创新工作的意见

(总工发〔2012〕21号 2012年3月16日)

开展职工技术创新活动，加强职工队伍建设，组织动员职工积极参与技术创新实践，是提高职工创新能力，促进创新型国家和创新型企业建设的重要途径。为进一步加强职工技术创新工作，现提出如下意见。

一、充分认识加强职工技术创新工作的重要性

1. 提高自主创新能力，建设创新型国家，是国家发展战略的核心，是提高综合国力的关键。职工群众是社会主义现代化建设的主力军，是推动科技进步、建设创新型国家和创新型企业的重要力量。加强职工技术创新工作，充分发挥职工在科技进步与创新中的重要作用，是坚持走中国特色自主创新道路的具体体现。

2. 加快转变经济发展方式是当前我国经济工作的一项十分艰巨的任务。科技进步与创新是加快转变经济发展方式的重要支撑。加强职工技术创新工作，积极组织和引导职工投身科技进步与创新的伟大实践，是服务科学发展，促进经济发展方式转变的重要举措。

3. 提高职工素质是实现共同理想和宏伟目标的要求，也是发展工人阶级先进性的需要。通过加强职工技术创新

工作，增强职工的学习能力、实践能力、创新能力和竞争能力，是实现职工利益、提升职工素质、促进职工全面发展的重要途径。

二、大力加强职工技术培训工作

4. 职工技术培训工作要认真贯彻落实《国务院关于加强职业培训促进就业的意见》（国发〔2010〕36号），以培养知识型、技术型、创新型职工为目标，以提高职工技能水平和创新能力为重点，把理论学习与实际操作结合起来，大力提高职工技术素质，努力培养造就建设创新型企业和创新型国家所需要的各类人才。

5. 要围绕本地区、本行业转变经济发展方式的重点和"十二五"产业发展战略，从企业技术进步和职工岗位工作需要出发，把普遍提高职工技能水平与培养高技能人才和优秀技术创新人才结合起来，广泛开展多层次的职工技术等级培训、岗位技能提升培训，帮助职工增强创新意识和创新能力，提高科技文化知识和岗位技能水平，形成高、中、初级技能人才结构合理、梯次发展的良好格局。

6. 加强职工职业技能实训基地建设，充分利用社会教育培训资源，发挥各级各类职业技能培训机构和企业培训中心的作用，积极开展职工职业技能培训，不断扩大高技能技术工人队伍。

7. 精心制定培训规划，合理安排培训内容，扎实做好培训工作。要加强师资队伍建设，努力改善培训条件，不断提高培训质量。积极争取有关方面对培训工作的支持，多渠道筹集培训所需费用。

三、广泛开展职工技术创新活动

8. 职工技术创新活动要积极推动国家技术创新工程的实施,以提高职工技能水平、推动企业技术进步和促进经济发展为目标,积极引导职工投身原始创新、集成创新和引进消化吸收再创新实践,为建设创新型企业、创新型国家贡献智慧和力量。

9. 职工技术创新活动要围绕促进企业安全生产、提高生产效率、提升产品质量和推动节能减排,广泛开展技术攻关、技术革新、发明创造、合理化建议等活动,引导和鼓励职工立足本职、岗位创新。

10. 职工技术创新活动要把增强职工创新意识、提高职工创新能力作为重要着力点,积极普及创造学知识,广泛开展岗位练兵、技术比武、技能比赛、师徒帮教等活动,把培训、练兵、比武有机结合起来,让先进生产技术和先进操作方法为更多的职工所掌握。

11. 把争创创新型班组作为创先争优建功立业劳动竞赛的重要内容,以创建"工人先锋号""创建学习型组织、争做知识型职工"等活动为载体,不断提升班组创新能力,努力为职工施展聪明才智创造条件,为建设创新型企业奠定坚实基础。

四、充分发挥劳动模范和优秀技能人才的引领作用

12. 劳动模范和优秀技能人才是推动技术进步和促进职工成长成材的光辉典范。要大力培养选树在职工技术创新活动中涌现出来的"首席员工""金牌工人""能工巧匠""创新能手"等技能人才楷模,积极推广他们创造的先进技

术和先进操作方法。

13. 积极组织劳动模范和优秀技能人才开展技术开发、技术咨询、技术交流、技能展示等活动，普遍建立覆盖企业主要工种的优秀技能人才（劳模）创新工作室，用劳模和高技能创新型人才的名字命名重大技术创新成果和先进操作法等，充分发挥劳动模范和优秀技能人才的示范引领作用。

14. 切实做好劳动模范和优秀技能人才的管理服务工作，努力为他们施展才干、传授技艺提供有利条件。建立职工技术创新人才和职工技术创新成果信息库，督促企（事）业单位建立和完善技能人才培养、考核、使用和奖励制度。

15. 弘扬工人阶级伟大品格和劳模精神，大力宣传劳动模范和优秀技能人才为掌握攻克技术难关而刻苦钻研的精神和为推动技术进步而拼搏献身的事迹，激励广大职工努力学习新知识、掌握新本领、创造新业绩、作出新贡献，使劳动光荣、知识崇高、人才宝贵、创造伟大成为时代新风。

五、切实加强对职工技术创新工作的组织领导

16. 加强职工技术创新工作是提高职工素质、推动技术进步，促进创新型企业和创新型国家建设的一项重要举措。各有关部门要密切配合，加强政策协调、工作协商和信息沟通，发挥自身优势，形成工作合力，共同推动职工技术创新工作深入开展。

17. 企业是职工技术创新活动的主战场，是培育员工的重要基地。要充分发挥企业的优势，为职工技术创新活动搭建平台，营造良好环境。

18. 制定鼓励职工积极参与技术创新活动的相关政策，积极开展技术开发、技术转让、技术咨询、技术服务等活动，推动职工技术创新成果转化；建立和完善奖励机制，按照国家有关规定表彰职工优秀技术创新成果。

19. 工会组织要把开展职工技术创新活动作为创先争优建功立业劳动竞赛的重要内容，列入重要议事日程，加强调查研究，搞好分类指导，认真总结经验，及时发现和解决存在问题，不断提高职工技术创新工作质量和水平。

20. 广泛宣传职工技术创新活动中涌现出来的先进典型，积极发展"敢为人先、争创一流、崇尚创新、宽容失败"的创新文化，使职工的创新想法得到尊重、创新热情得到保护、创新才能得到发挥、创新成果得到肯定。

关于广泛深入持久开展"五小"活动的指导意见

(总工办发〔2019〕17号　2019年10月14日)

小发明、小创造、小革新、小设计、小建议活动(以下简称"五小"活动)是工会的一项传统工作,是"当好主人翁、建功新时代"主题劳动和技能竞赛的重要内容。为使"五小"活动在新时代展现新的生机和活力,推动劳动和技能竞赛广泛深入持久开展,现对广泛深入持久开展"五小"活动提出如下意见。

一、开展"五小"活动的总体要求

(一)重要意义。习近平总书记指出,"要组织职工广泛深入开展岗位练兵、技术交流、技能培训,踊跃参加技术革新、技术协作、合理化建议等活动,着力培养知识型、技术型、创新型人才队伍"。开展"五小"活动是贯彻落实习近平总书记重要讲话精神的重要举措,是推动产业工人队伍建设改革、提高职工技能素质、培养大国工匠的重要抓手,是组织动员职工立足岗位建功立业、把"当好主人翁、建功新时代"主题竞赛落实到基层的重要途径。

(二)总体要求。"五小"活动要以习近平新时代中国特色社会主义思想为指导,深入贯彻落实《新时期产业工人队伍建设改革方案》,按照全总关于广泛深入持久开展劳动和技能竞赛的工作要求，注重岗位创新，注重解决一线问题，注重增强创新能力，扩大覆盖面、提高参与度，使活动落实到基层、深入到一线，长期坚持下去、形成长效机制，进一步组织动员广大职工建功新时代。

（三）基本原则。"五小"活动要坚持以职工为中心，尊重职工首创精神，让职工当主角，动员职工群众参与到活动的各个环节，夯实活动的群众基础；坚持以需求为导向，围绕生产经营的重点和难点，紧密结合岗位实际，根据市场需求、企业需要、职工期盼开展活动；坚持在继承中创新，在总结以往经验做法的基础上，适应新时代新要求，不断丰富和完善竞赛内容，创新活动方式和载体；坚持共建共享，通过抓好活动激励，在促进企业发展的同时让职工受益，增强职工获得感。

二、大力增强职工岗位创新能力

（四）增强职工创新意识。职工是"五小"活动的参与者，是岗位创新的主力军。要引导职工充分认识技术创新的重要性，充分认识"改善改进也是创新"，树立"时时可创新、处处可创新、人人可创新"的理念。通过"工匠论坛""职工创新大讲堂"等形式，推广普及创新方法，激发职工创新潜能，动员职工立足岗位开展技术创新、管理创新和服务创新。

（五）提升职工技能素质。要围绕提升职工技能水平和创新能力组织开展群众性、常态化的岗位练兵活动，注重线上线下相结合，引导职工在干中学、学中练。积极协助政府和企业推广现代学徒制和企业新型学徒制，采取"一带一""一带多""多带多"等多种形式促进师带徒活动创新发展,做好传帮带。广泛开展技能比武、技术培训等活动,强化实战化要求,让先进生产技术和先进操作方法为更多的职工所掌握。

(六)营造良好创新氛围。大力弘扬劳模精神、劳动精神、工匠精神,注重从"五小"活动中发现、培养、选树劳动模范和工匠人才,特别是优秀技能人才和一线职工典型,宣传他们的先进事迹,推广他们的劳动技能、创新方法、管理经验,充分发挥其示范带头作用。把职工创新纳入企业创新体系,把"竞赛文化"融入企业文化和职工文化当中,鼓励创新,既要重视结果,也要重视过程,不断增强职工创新勇气,引导职工积极投身"五小"活动。

三、立足岗位开展"五小"活动

(七)重视发现和解决岗位难点问题。要从发现问题入手,组织一线职工、立足一线岗位、解决一线问题。重点围绕提升产品、服务、工程质量和效益,改造落后的技术设备、不合理的工艺和过时的操作方法,推动节能降耗、污染防治、生态环境保护,促进劳动安全和职业健康,提升企业管理水平和服务水平等方面开展活动。

(八)把合理化建议摆到突出位置。合理化建议活动是我国工人阶级的一个伟大创举,是职工发扬主人翁精神和发挥聪明才智的有效形式,也是职工参与企业管理、推动技术进步的重要途径。把合理化建议作为"五小"活动最基础最重要的环节,一方面要增强广泛性,提高合理化建议的参与率,组织广大职工积极参与;另一方面要增强实效性，提高合理化建议的质量，促进合理化建议的采纳和实施。

（九）完善"五小"活动体系。进一步完善以岗位创新、班组（团队）创新、劳模和工匠人才（职工）创新工作室以及创新工作室联盟等为主要内容的"五小"活动体系，形成基础广泛、人才集聚、成果丰硕的良好局面。发挥职工技协的组织优势、人才优势和阵地优势，开展技术交流、技术协作、技术帮扶等活动，在"五小"活动中发挥骨干作用。

（十）创新"五小"活动方式方法。按照建设"智慧工会"的要求，运用"互联网＋"、移动客户端、大数据、云计算等现代化手段组织开展"五小"活动，促进活动在策划动员、组织实施、考核评选等各个环节的智能化，增强活动的先进性、便利性和趣味性。在活动中设置形式多样、职工喜闻乐见的比赛项目，设立创新看板等可视化载体，增加活动的"赛味"，更好地激发广大职工的积极性，使活动更具吸引力和感召力。

四、进一步扩大"五小"活动覆盖面

（十一）推动"五小"活动从国有企业向非公企业拓展。要系统总结国有企业开展活动的经验做法，在展现良好成效的同时，推动活动不断向科学化、制度化、规范化发展。积极探索非公企业开展活动的新途径、新模式，选好切入点和突破口，加强分类指导，重点推进已建工会规模以上非公企业劳动和技能竞赛，带动中小企业活动的普遍开展。

(十二)推动"五小"活动从生产领域向管理、服务等领域延伸。生产、管理和服务都是企业运营的重要环节。要推动"五小"活动从一线生产岗位向管理岗位、服务岗位延伸,充分发挥每一个技术工人、科技人员和管理人员的聪明才智,努力形成全方位、全领域的活动新格局。在组织职工创新产品技术、工艺和设备的同时,围绕管理方式、管理手段、管理模式等进行创新,不断提升企业管理水平;围绕服务方法、服务途径、服务市场等进行创新,进一步提高服务质量和水平。

(十三)推动"五小"活动从企业向机关事业单位扩展。"五小"活动作为发挥职工积极性、动员职工岗位建功的载体和手段,不仅适用于企业,同样适用于机关事业单位。机关事业单位可借鉴企业开展"五小"活动的经验,结合自身实际,动员职工从提升岗位技能、改进工作方法、提高工作效率等方面入手开展"五小"活动,交流工作经验,进一步提升机关事业单位的管理服务水平。

五、促进"五小"活动成果的推广和转化

(十四)搭建职工创新成果交流、转化平台。通过组建技能人才(劳模)服务队、劳模和工匠人才创新工作室联盟、举办创新成果展示活动等,积极推动"五小"创新成果走出班组、走出企业、走向社会。积极参与技术市场活动,有条件的地区和企业要建立职工创新成果库,充分利用科技中介机构开展技术开发、技术转让、技术咨询、技术服务活动,与有关部门联合开展创新辅导、项目对接、产业论坛、人才服务、产学研用合作等活动,促进创新成果转化。

（十五）重视职工创新成果知识产权保护。要在职工中开展知识产权普及教育，增强职工知识产权意识，加强专利宣传和咨询服务，依托有关机构和专家帮助职工做好创新成果的专利申请。推动有关部门通过源头追溯、实时监测、在线识别等强化知识产权保护，保护职工创新成果。积极推荐职工优秀创新成果参评国家科技进步奖、中国专利奖等奖项。

（十六）加大创新成果应用和孵化力度。注重对职工的创新提案进行分类整理，分段控制，及时反馈，保证创新提案的科学性、针对性和可行性。积极争取行政主管部门和企业的支持，利用科技成果孵化基地，组织开展专题项目开发，加大产业化扶持力度。活动中创造出来的先进技术、工具、工作法、管理经验等要通过成果表彰、举办培训班、现场讲解演示等方法进行推广。

六、加强"五小"活动的组织领导

（十七）建立健全协同推进的组织领导机构。各地要高度重视，建立活动组织领导机构，制定活动方案，落实活动责任，形成"党委领导、行政支持、工会牵头、多部门协作，职工广泛参与"的工作格局。注重发挥产业工会优势和作用，组织开展形式多样、具有产业特色的活动。与其他有关部门加强政策协调和资源整合，合力推进"五小"活动。加强对工会干部的培训，引导大家深入了解"五小"活动，吸取先进经验，提高活动组织能力。

（十八）积极开展科学合理的绩效评估工作。要加强活动过程管理和考核评估，坚持问题导向和成果导向并重，定性与定量相结合，建立科学合理的评估指标体系，全面评价地方和企业活动效果。评估可通过自上而下评估、自查自评或第三方评估的方式进行，注重评估结果反馈和工作改进，并以此作为评先评优、推荐表彰的重要参考。建立健全项目预报、工作台账、督导通报等工作制度，强化活动过程管理、督导和考核。

（十九）多样化设计活动奖励激励措施。坚持物质奖励和精神奖励相结合，积极争取地方政府和企业行政支持，根据职工的需求和期盼，通过"积分制""创新银行"等多种方式，加大奖励、及时奖励、精准奖励，扩大职工受益面。推动企业合理制定"五小"成果的收益分配方案，建立活动奖励晋级制度，把"五小"活动作为职工业绩评价、技能评定、培训深造、晋级晋升的重要依据，保护好职工创新创造的积极性。

（二十）注重活动品牌建设和宣传推广。加强调查研究，认真总结"五小"活动的创新举措和先进经验，注重典型引路，及时发现和解决存在的问题，不断完善活动体制机制，推动活动常态化、长效化。运用传统媒体和新兴媒体相结合的方式，充分利用工会及其他宣传资源和手段，做好"五小"活动的宣传推广工作，把"五小"活动打造成在职工中有较强感召力、在社会上有广泛影响力的品牌。

各省（区、市）总工会、各全国产业工会要根据本意见，结合实际、强化措施、贯彻落实。

关于加强劳动竞赛机制建设的意见

(总工办发〔2012〕5号 2012年2月23日)

　　劳动竞赛是提高职工素质、推动企业进步、促进经济发展的重要途径,是工会围绕中心、服务大局的重要载体。加强劳动竞赛机制建设,对于推动创先争优建功立业劳动竞赛深入持久、扎实有效开展具有重要意义。

　　一、加强劳动竞赛机制建设的基本要求

　　1. 加强劳动竞赛机制建设要以科学发展观为指导,坚持以人为本,进一步调动和激发广大职工的积极性,充分发挥劳动竞赛在推动科学发展、促进经济发展方式转变和实现职工利益、提升职工素质、稳定和谐劳动关系中的作用。

　　2. 加强劳动竞赛机制建设要从推动国家发展战略实施、促进区域经济协调发展和大力发展实体经济出发,使劳动竞赛既紧扣时代脉搏,又贴近实际,贴近职工,不断增强竞赛的针对性和有效性。

　　3. 加强劳动竞赛机制建设要在坚持正确方向的前提下,按照科学规划、统筹安排、加强指导和认真组织实施的要求,建立和完善竞赛活动、竞赛评估、竞赛激励、劳模选树、竞赛保障等工作机制,以保证劳动竞赛健康发展。

　　4. 加强劳动竞赛机制建设要把继承与创新结合起来,在不断总结经验、坚持有效做法、规范竞赛工作的同时,认真研究解决新情况新问题，创新竞赛方式方法，探索竞赛新路子，推动劳动竞赛蓬勃开展、长盛不衰。

二、建立健全劳动竞赛活动机制

5. 竞赛活动要以改善经营管理、推动技术进步和促进企业发展为目标，以班组竞赛为基础，以提高职工技能水平和增强职工创新能力为重点，把生产型竞赛、技能型竞赛和智能型竞赛有机结合起来，积极鼓励和引导职工诚实劳动、勤奋劳动、创新劳动。

6. 采取有效措施推动职工技术培训、技术交流、岗位练兵、技能竞赛、师徒帮教和"五小"（小革新、小发明、小改造、小设计、小建议）等活动扎实有效开展，做到经常化、制度化。

7. 夯实竞赛基础，广泛开展以创建"工人先锋号"为载体的班组竞赛，积极引导职工立足岗位、创先争优，努力把班组建设成为能够出色完成生产（工作）任务、具有较强创新能力，管理科学，纪律严明，团结和谐的坚强集体。

8. 竞赛活动要适应形势任务要求，拓宽领域、丰富内容、创新形式，增强吸引力、感召力和影响力，不断扩大覆盖面，最大限度地把各类企事业单位的职工群众吸引到竞赛活动中来。

9. 坚持从实际出发，科学安排、精心组织竞赛活动，注重竞赛实效，努力把动机与效果、内容与形式、职工素质提升、利益实现与企业发展有机统一起来。

三、建立健全劳动竞赛评估机制

10. 建立竞赛评估制度是检验劳动竞赛成效和推动竞

发展的有效措施。要制定科学的竞赛评估方法和评估指标体系，量化竞赛评估工作，做到科学化、规范化、制度化。

11. 竞赛评估要着眼于提升劳动竞赛的水平，把竞赛方案制定、竞赛活动开展、竞赛目标任务实现等纳入评估范围，把劳动竞赛在提升职工素质、推动企业技术进步和促进经济发展中所发挥的作用作为评估重点，促进竞赛活动深入扎实发展。

12. 竞赛评估要坚持走群众路线，充分听取职工群众对竞赛活动的意见，并把群众意见作为评估劳动竞赛的重要依据。

13. 定期开展竞赛评估工作，及时通报评估情况，把评估工作的过程作为发现典型、总结经验、查找不足、改进工作的过程。

四、建立健全劳动竞赛激励机制

14. 做好竞赛评比奖励工作，是建立劳动竞赛激励机制的重要方面，对调动职工参赛积极性具有重要作用。要把阶段性评比奖励与全过程评比奖励、单项评比奖励与综合评比奖励、个人评比奖励与集体评比奖励有机结合起来，做到经常化、制度化。

15. 竞赛评比要着眼于激发职工比学赶帮超的热情，把比技术创新、团结协作、质量效益、安全环保和创一流工作、一流业绩、一流团队作为主要内容。

16. 竞赛奖励要坚持精神鼓励与物质奖励相结合的原则，使职工得到的荣誉与取得的业绩、得到的奖励与作出的贡献相适应，让职工分享社会和企业发展成果。

17. 大力表彰竞赛活动中涌现出来的先进集体、模范职工和优秀技术创新成果，把引导职工弘扬工人阶级伟大品格和劳模精神贯穿于竞赛活动的全过程，调动和激发职工创先争优建功立业的积极性。

18. 推动政府（企业）制订和完善劳动竞赛奖励办法，对劳动竞赛中涌现出来的先进集体、先进职工及时予以表彰奖励。

五、建立劳动模范选树机制

19. 劳动模范产生于劳动竞赛。要注重从劳动竞赛涌现出来的先进职工中发现、培养、选树劳动模范，使劳动模范的评选工作建立在深厚的群众基础之上。

20. 大力选树"金牌工人""首席员工""技术状元"等技能人才，开展多种形式的学赶先进、创先争优活动，积极引导职工以劳动模范和先进人物为榜样，争当先进，争创一流。

21. 建立劳动模范（技能人才）"创新工作室"，认真总结、积极推广他们创造的先进生产（操作）方法和取得的技术创新成果，充分发挥劳动模范和技能人才在劳动竞赛中的示范带头作用。

22. 通过多种形式宣传劳动模范的崇高思想和先进事迹，积极引导职工学习劳模、争当先进，努力营造劳动光荣、知识崇高、人才宝贵、创造伟大的良好氛围和时代新风。

六、建立健全劳动竞赛保障机制

23. 建立健全各级劳动竞赛委员会（领导小组），切实加强对劳动竞赛的组织领导。各级工会要把劳动竞赛摆上重要位置，定期分析研究竞赛工作，建立竞赛情况报送、通报制度，加强竞赛信息交流，认真总结推广竞赛经验，搞好典型指导和分类指导。

24. 加强竞赛理论和相关政策研究，是搞好劳动竞赛的重要基础，也是加强竞赛机制建设的重要方面。要了解经济形势，掌握经济政策，研究竞赛理论、总结竞赛经验，探索竞赛规律，使机制建设在促进劳动竞赛发展中持久、稳定地发挥作用。

25. 经费保障是组织开展劳动竞赛的重要物质条件。各级工会在为竞赛提供必要经费的同时，要积极争取同级政府（行政）拨出专款用于劳动竞赛。企业工会要督促企业建立劳动竞赛奖励基金。

26. 加强劳动竞赛机制建设对干部素质提出了更高要求。各级工会经济技术干部要进一步增强使命感和责任感，保持良好的精神状态，通过加强学习、深入实践，不断提高思想政策水平和指导工作的能力，以适应新形势下组织开展劳动竞赛的要求。

关于中央企业深入开展劳动竞赛的指导意见

(国资发群工〔2012〕24号 2012年3月19日)

广泛开展群众性劳动竞赛活动,是激发职工工作热情、促进企业生产经营、推动企业持续稳定发展的重要途径。近年来,中央企业围绕中心工作和重点任务广泛开展了科技攻关、降本增效、比学赶帮超等各种形式的劳动竞赛,充分发挥广大职工的主人翁责任感,引导广大职工群众立足岗位创先争优,为做强做优中央企业作出了重要贡献。为进一步加强中央企业职工队伍建设,提高职工素质,增强中央企业的核心竞争力,根据国资委党委《关于中央企业建设"四个一流"职工队伍的实施意见》(国资党委群工〔2010〕91号),现就中央企业深入开展劳动竞赛,提出以下指导意见。

一、指导思想

以邓小平理论和"三个代表"重要思想为指导,深入贯彻落实科学发展观,坚持以人为本,围绕中央企业整体发展战略和生产经营科研中心任务,进一步激发广大职工活力,充分调动广大职工的积极性和创造性,广泛深入开展劳动竞赛活动,团结动员广大职工立足岗位,创先争优,提高企业核心竞争力,为做强做优中央企业、培育具有国际竞争力的世界一流企业作出积极贡献。

二、基本原则

（一）争创一流，增强活力。围绕企业生产、经营、科研中心工作，广泛开展劳动竞赛，努力提高企业经济效益、管理水平和自主创新能力。

（二）突出主题，把握重点。结合本行业、本企业实际，确定劳动竞赛的主题和重点，充分调动广大职工参与劳动竞赛的积极性和主动性。

（三）结合实际，注重实效。结合企业生产经营和改革发展实际，抓好过程跟踪，搞好结果评价，及时表彰激励。特别要注重解决实际问题，确保取得实实在在的效果。

（四）立足班组，夯实基础。以班组为基本单元，引导班组成员广泛参与，强化团队建设，全面提升员工的专业技能和综合素质，加强班组建设，夯实企业发展基础。

（五）遵规守纪，安全生产。认真贯彻国家相关法律法规，严格执行企业各项规章制度，消除违章作业，着力提高企业安全生产管理水平。

（六）以人为本，和谐发展。坚持以人为本，克服不顾质量标准抢工期，以及单纯比劳动时间、增加劳动强度等做法，实现职工和企业的共同发展，不断提高职工对构建和谐企业的认同度、参与度和支持度。

三、竞赛内容

（一）围绕中心比效益。围绕企业中心任务，以提高安全管理、产品质量、劳动效率、促进企业发展为目标，强化职工的效益意识，全面落实绩效责任。通过质量攻关、技术攻关、安全健康等主题突出的多种竞赛形式，切实解决企业生产、安全、技术、质量、环保等方面的重点和难点问题，提高经济效益，增强发展质量，为实现中央企业科学发展作出积极贡献。

（二）立足岗位比技能。围绕建设"四个一流"职工队伍目标，根据产业结构调整和企业发展需要，结合职工岗位职责要求，有针对性地开展岗位练兵、名师带徒、技术比武等活动，鼓励职工学习技术、钻研技能、岗位成才，充分调动职工立足岗位钻研技术的积极性，促进提高岗位技能和职业技术等级。

（三）促进发展比质量。认真学习贯彻《质量发展纲要（2011—2020年）》，深入研究同行业国际和国内质量标准，努力把握本行业和企业质量发展方针和目标。以落实岗位质量管理与控制责任制为基础，引导职工牢固树立全员参与质量管理与质量全过程管理的理念，不断提高产品质量和服务质量，推动企业建立和完善企业质量保证体系，树立和维护良好的企业品牌，提高中央企业产品和服务的社会美誉度。

（四）推动学习比创新。广泛开展学习型组织创建活动和职工岗位创新活动，进一步推动广大职工学习科技知识，投身创新实践，加快新技术、新工艺、新材料、新设备的推广和应用，推动企业技术进步。鼓励职工在消化、吸收新工艺、新技术中发挥聪明才智，不断提高产品的科技含量和经济增加值，进一步增强企业核心竞争力。

（五）节能减排比效果。进一步树立职工的节约意识和环保意识,把"六小"(小革新、小发明、小建议、小节约、小核算、小经验)作为劳动竞赛的重要内容,积极开发应用先进的技术成果,控制成本,降低消耗,大力发展循环经济,高效利用资源,保护生态环境,推动资源节约型、环境友好型企业建设。

(六)履行责任比贡献。要进一步增强职工的责任意识和大局意识,积极履行企业社会责任,积极推进和谐企业建设。组织动员职工积极投身企业改革、发展、稳定的各项工作之中,实现国有资产保值增值。鼓励和动员职工积极参加扶贫帮困、志愿者服务等社会公益活动。

四、评比表彰

各企业要完善劳动竞赛考核评价办法,坚持科学合理、客观公正、紧贴实际的原则,以安全质量和经济效益为中心,突出技术创新,明确考核评价标准和表彰奖励标准,建立评价考核制度和定期表彰机制,授予相应荣誉称号,并给予一定物质奖励。

为推动劳动竞赛活动深入开展,国资委将适时开展表彰,对中央企业劳动竞赛中涌现的先进集体和先进个人授予相应荣誉称号。

五、劳动竞赛经费

劳动竞赛经费包括劳动竞赛的组织费用、培训费用和表彰奖励费用。各企业应当严格依照有关规定提取和使用劳动竞赛经费,为开展劳动竞赛创造必要条件。劳动竞赛经费预算应当纳入企业年度财务预算,并于实际发生时在预算额度内据实列支。

六、工作要求

（一）加强领导，落实责任。各企业要高度重视劳动竞赛工作，切实加强领导，落实工作责任，明确工作任务。成立劳动竞赛工作机构，形成党政统一领导，工会牵头组织，生产、人力资源、财务、技术等相关部门配合协调的工作机制，建立相应的评比机制、奖励机制和劳动竞赛成果推广机制，并将开展劳动竞赛情况向职代会报告，接受职代会的监督检查。

（二）制定方案，精心组织。各企业要结合实际，制定切实可行的劳动竞赛方案，要做好劳动竞赛活动的组织发动和检查指导，统筹协调好本系统的劳动竞赛活动，企业各基层单位积极配合，抓好劳动竞赛活动的具体实施，确保员工参赛的广泛性。

（三）广泛宣传，不断推进。各企业要做好劳动竞赛活动的宣传工作，营造客观公正、积极向上的氛围，要及时总结提炼企业开展劳动竞赛的成功经验，推出一批在劳动竞赛中成绩突出的先进典型，广泛宣传、扩大影响，带动企业职工队伍素质的整体提高，推动中央企业科学发展上水平。

图书在版编目（CIP）数据

劳动和技能竞赛流程图示与范例 / 劳动和技能竞赛流程图示与范例（第2版）编写组编. —2版. —北京：中国工人出版社，2020.10

（工会工作实务操作流程丛书）

ISBN 978-7-5008-7506-2

Ⅰ. ①劳… Ⅱ. ①劳… Ⅲ. ①劳动竞赛 – 组织管理 – 中国 Ⅳ. ①F249.23

中国版本图书馆CIP数据核字（2020）第202312号

劳动和技能竞赛流程图示与范例（第2版）

出 版 人	王娇萍
责任编辑	王　薇　王　璇
责任印制	栾征宇
出版发行	中国工人出版社
地　　址	北京市东城区鼓楼外大街45号　邮编：100120
网　　址	http://www.wp-china.com
电　　话	（010）62005043（总编室）
	（010）62005039（印制管理中心）
	（010）82075935（工会与劳动关系分社）
发行热线	（010）62005996　82029051
经　　销	各地书店
印　　刷	北京市密东印刷有限公司
开　　本	880毫米×1230毫米　1/32
印　　张	9.125
字　　数	180千字
版　　次	2021年2月第2版　2021年12月第2次印刷
定　　价	42.00元

本书如有破损、缺页、装订错误，请与本社印制管理中心联系更换
版权所有　侵权必究